名师名校名校长

凝聚名师共识
圆志名师关怀
打造名师品牌
培育名师群体

　　　　程晓远题

小学语文课堂视频案例切片式观察的研究

郭少冰 / 著

中国出版集团　现代出版社

图书在版编目（CIP）数据

小学语文课堂视频案例切片式观察的研究 / 郭少冰
著. — 北京：现代出版社，2022.11

　ISBN 978-7-5231-0072-1

　Ⅰ.①小… Ⅱ.①郭… Ⅲ.①小学语文课－课堂教学
－教案（教育）－研究 Ⅳ.①G623.202

中国版本图书馆CIP数据核字（2022）第220340号

小学语文课堂视频案例切片式观察的研究

作　　者　郭少冰
责任编辑　王　羽
出版发行　现代出版社
地　　址　北京市安定门外安华里504号
邮政编码　100011
电　　话　010-64267325　64245264
网　　址　www.1980xd.com
印　　制　北京政采印刷服务有限公司
开　　本　710mm×1000mm　1/16
印　　张　11
字　　数　176千字
版　　次　2022年11月第1版　　2022年11月第1次印刷
书　　号　ISBN 978-7-5231-0072-1
定　　价　58.00元

CONTENTS 目录

第一章

当代小学语文的教与学

　　语文作为人文基础学科，其在基础教育领域的重要性日益凸显。小学阶段是语文教育的关键阶段，因此有必要了解语文教学的新特点，把握新要求，在语文教育改革的背景下，做好语文课堂观察，更好地进行教与学互动。

第一节　小学语文教育改革

一、信息技术教育手段融入语文教育中

信息技术已经深刻地渗透到基础教育领域，在小学语文教学中，若能巧妙合理地融入一些信息化教学手段，不仅可以让语文教学课题变得生动，充满魅力，而且能够培养小学生的信息素养以及人文素质，从而有效促进小学生语文学习能力和水平的提升。在小学语文教学中融入信息技术，主要体现在以下几个方面。

（一）基于互联网收集和整理丰富的教学资源

互联网是一个拥有海量丰富教学资源的宝库，这是信息技术进步带来的教育"福利"。在没有互联网的时代，有些老师想要找一些教育教学资料，可能需要花费很多的时间和精力，甚至跑很远的地方，才能找到想要的资料。在互联网时代，教师只需要打开电脑，登录各种教学网站或者论坛，就有各种海量的教学资料可供选择，各种教案、作业设计、教学视频等，其中大部分都可以免费获取。

如小学语文中的《赵州桥》一课，本来这篇课文是对历史悠久且具有较高知名度的赵州桥进行介绍，若是仅凭文字，学生是很难真正感悟到赵州桥的伟大的，也难以在脑海中建立起关于赵州桥的具体形象。在没有互联网的时代，大部分学生学习这篇课文，对于赵州桥的形象建构都是基于课文中的文字以及图片进行的。然而在互联网时代，教师可以到网上找一

些赵州桥的视频资料，尤其是洪水流过赵州桥时的资料，学生看了视频资料之后，就会对赵州桥的具体形象和特点有更深的认知。又如《火烧云》一文，教师可以到网上找各种火烧云的资料，这类视频和图片资料都非常丰富，在介绍美好自然景观的时候，再多的文字都不如一些美丽的图片资料来得直接和震撼。学生看了图片之后，才会产生心灵的震撼，再去读书中所描述的文字，就会更有趣味和感悟。

教师在应用互联网收集和整理教学资源的时候，有两点需要特别注意：第一，教师应该精心挑选优质资料，互联网上的资料很多，但是同质化也较为严重，教师应具备甄别选择的能力，尽量挑选最符合教学要求的资料；第二，互联网教学资料只能作为教学辅助材料，而不是找到之后就以它为主进行教学，那是一种教学懈怠情绪，对教学发展不利。

（二）基于多媒体制作和展示动态教学内容

随着技术的进步，多媒体教学设备成本大大降低，在国家的大力推动之下，我国大部分小学都拥有多媒体教育设备，因此，语文教师可以在课堂上充分应用多媒体教学设备来展示一些动态的教学内容，通过生动活泼的画面吸引好奇心比较重、充满童真心理的小学生。教师既可以在网上寻找合适的资源，也可以自己剪辑制作多媒体动画。

如小学语文中杜牧的《清明》一诗，它是通过多种意象来创建一个情境，来表达一种清明节的心理情感与体验。对小学生来说，他们并没有足够的人生体验来感悟这种意境或者情感。在学习过程中，教师可以从网上下载一些动画材料，然后根据教学实际需要自己进行剪辑制作，在上课的时候，先带着学生一起看视频。在动画视频中，学生既可以听到朗读者关于这首古诗的吟唱，又可以看到动态的画面，这样有助于学生观看各种意境画面，然后建立诗歌中的情境。如此课堂会变得轻松活跃，毕竟大部分小学生还是比较喜欢看动态画面的，而且诗歌吟唱会展示一种旋律之美。《元日》亦是如此，一幅幅充满春节气氛的画面徐徐展开，用充满童趣的声音吟唱诗歌，孩子们的感官会受到强烈的刺激，从而对诗歌中所描述的春节画面有更深的印象，进而能够更高效地学习诗歌内容。

教师在应用多媒体教学手段开展教学的过程中，需要注意两点：第一，要尽量学习和掌握多媒体制作技术，能够制作出更为优质的多媒体教学材料，提高观感体验；第二，保持对多媒体技术发展的跟踪，当新技术出现之后，要与时俱进，学习新的技术，不断提高自身专业素质。

（三）基于新媒体发展和推动学生课外学习

所谓"新媒体"，是相对于传统的电视等媒体而言，如社交媒体、短视频媒体等都属于新媒体，新媒体也属于信息技术的范畴。目前，新媒体已经开始渗透并影响基础教育了，若运用得当，新媒体也能够成为小学语文课文学习监督与推进的有效辅助手段。由于新媒体的类型比较多，教师在应用新媒体的时候，需要有选择性地应用。

例如，在学习了语文课之后，一些课后作业练习要求学生在课后朗读课文，在过去，这基本上依靠学生自觉或家长监督，教师无法对学生的课后学习情况进行有效监督。有了社交媒体之后就不一样了，学生可以用家长的智能手机录制自己在家里朗读课文的视频，然后发给老师。有些学生为了将作业做得更好，在朗诵之后，还会反复观看，针对自己觉得不满意的地方进行修正，这样也是一种很好的进步。教师也可以应用社交媒体，跟家长保持密切交流，了解学生在家里完成作业和学习的情况，使家校协作互动更加高效。此外，现在有些小朋友也喜欢看短视频，每次看一个短视频只有几十秒，但是他们看得很开心，一些小学生甚至自己会拍短视频。教师也可以寻找一些有关学习的短视频，然后分享在群里，让学生看。比如小学四年级的《题西林壁》，在短视频平台就可以找到类似的景观展示，配合诗词，可以让学生对诗词所表示的内容有更深刻的认知。还有《精卫填海》《女娲补天》等，都可以找到优质的教学内容，教师可以制作一些短视频，供学生观看与学习。尤其是在疫情这一特殊情况下，教师和学生上网课，更说明了新媒体在教学中的价值。

教师应用新媒体固然可以有效监督课外学习，但是也要注意两点：第一，要选择合适的新媒体，同时引导学生科学合理地应用新媒体进行学习；第二，在应用新媒体技术教学时，要把握好度，千万不要过度使用新媒体而忽视了正常教学手段，那样则是本末倒置，反而对教学无益。

信息时代，在教学中融入和应用信息技术是必然趋势，也是新时代对教师提出的要求。在应用信息技术的时候，要基于学生的实际学情，基于教学的实际需要，更要考虑教师的教学习惯和信息教学水平。应让信息技术成为教学的高效辅助工具和推动力，要防止信息技术教学的滥用，那样对小学语文教学发展反而不利。

二、"双减"背景下加强语文课外阅读引导

在"双减"背景下，小学语文科目的课外阅读能够培养小学生的阅读兴趣，引导他们养成阅读习惯。课外阅读对于语文学习有着极为重要的作用，对于学生语文素养发展也有积极意义。教师和家长在引导小学生课外阅读活动开展时，应以兴趣为前提，努力创建阅读氛围，在阅读中促进学生的成长。在基础教育改革中，语文的重要性在逐步提高，同时推崇大语文观，尽量提高学生的阅读能力与阅读量。在小学低年级语文教学中，对于阅读数量的要求不宜过高，因为会增加学生课外阅读负担，不符合"双减"政策精神与要求，但是对于阅读意识与阅读习惯的培养则是要重视的工作。尤其是课外阅读，一定要做好针对性引导，为学生将来语文阅读能力的增长和进步奠定基础。

（一）"双减"背景下课外阅读引导以兴趣为基本前提

低年级小学生年龄尚幼，若是采用强制要求方式来要求他们进行课外阅读，效果会很差，更严重的是可能会打击他们的学习兴趣，对他们以后的学习与成长都会产生负面影响。在传统教学观念中，不考虑学生兴趣，

而是根据成年人的思维和习惯来要求学生进行课外阅读，并不符合低龄小学生的认知规律，因此是一种错误的行为，更额外增加了小学生的作业负担，是与"双减"精神相悖的。教师和家长在小学生课外阅读引导问题上，一切都应该以兴趣为基本前提。

在"双减"政策下，学校的课后作业减少甚至不再布置，同时家长热衷的校外培训活动内容也在减少，这意味着小学生课后自由安排的时间增多。若是任由他们自由玩耍，而不给予引导，对他们的成长也是不利的。课外阅读是"双减"背景下，丰富小学生文化视野，并且提高人文素质的有效手段。在小学语文课外阅读中，兴趣带来的学习效果是长期的，是可持续的，是稳定的。这种兴趣可以是学生自己形成并被教师、家长觉察的，教师和家长可以在课外阅读时予以兴趣引导，如小学生对各种有趣的童话故事感兴趣，那就给他们讲童话故事，然后推荐一些经典童话故事书；有的小学生对于昆虫动物感兴趣，那就买一些适合低年级小朋友阅读的昆虫、动物读本，选择图文并茂的版本。在兴趣的主导下，小学生课外阅读行为具有自主性，既符合"双减"精神要求，同时又能促进其阅读量的增加，对于语文素养提升有着潜移默化的作用。有的小朋友没有特别的兴趣，那就需要教师或者家长有意识地培养，经过一段时间有意识的引导，也会在课外阅读方面产生兴趣。

（二）"双减"背景下课外阅读引导以氛围为基本手段

低年级小学生在成长过程中更倾向于模仿，因此周边的学习与成长环境尤为重要。中国古代孟母三迁，其目的主要是给孩子一个更好的学习成长环境。培养了六个世界名校博士子女的韩国"首席妈妈"全惠星在介绍子女培养经时说，自己最重要的就是在家里构建了良好的阅读氛围，让孩子养成了阅读习惯。对低年级小学生来说，课外阅读最重要的地方就是家庭，但是目前来说大部分中国家庭的课外阅读氛围并不太好，其中很重要的一个原因就在于家长无法起到示范作用。有的家长热衷于逼着孩子阅读，给孩子安排课外阅读任务之后，就自己玩手机或者做别的事情去了，因此孩子课外阅读效果也不好。

在"双减"政策下，低年级小学生若是课后在学校里面玩，自然由教师来负责带他们做游戏，学一些有益于身心健康的内容，课外阅读也是其中一项。学校里适合学生的读本很多，在教师引导下，学生围坐在一起看书，就是一个很好的氛围示范，即便有学生一开始不愿意阅读，但是看别人都在阅读，也会慢慢沉下心来跟着阅读。家庭环境中的课外阅读氛围营造就更重要了，首先，家庭要养成一个课外阅读的时间点，比如每天饭后7点到7点45分的时间里，家长也开始阅读，并且带着孩子一起阅读，家长看家长的书，孩子看孩子的书，经过一段时间引导之后，孩子就会在这个固定时间点形成阅读习惯。其次，在阅读过程中，尽量不要互相打扰。当然考虑到孩子小，因此在开始的时候，家长陪着孩子一起读，然后培养其独立阅读能力，最终让他们形成独立的课外阅读习惯。有了良好的阅读氛围，课外阅读就会成为小学生的日常行为。

（三）"双减"背景下课外阅读引导以成长为基本追求

在培养小学生的课外阅读习惯问题上，没有必要过度功利主义，不要太刻意去在乎阅读的速度与阅读的数量。有的家长非常焦虑，看到网络介绍某些"鸡娃"的阅读量就陷入焦虑，逼着孩子加大阅读量，这实际上并不可取，容易增加孩子的精神压力与课业负担。小学生年龄小，他们的思维是活跃的，注意力集中的时间本身就比较短，家长过于功利的追求，其焦虑情绪很容易给孩子带来额外压力。在课外阅读问题上，可以循序渐进，但是不要过于追求速度与数量，只要是有利于学生成长即可。

当孩子读到了有趣的故事讲给家长听的时候，家长要有耐心地听，并且在听的过程中适度采用提问讨论的方式，引导他们进一步在阅读中找答案；对于孩子特别喜欢的阅读读本，即便一遍遍翻阅，家长也不要要求孩子换读本，有时候反复读一本书，也是一种进步；对于孩子阅读中遇到的问题，家长可以跟孩子一起去寻找答案，成为孩子课外阅读路上的陪伴者。其实从某种意义上来讲，只要孩子在阅读，基本上都会有进步。教师和家长需要做的就是为他们的阅读创造一个阅读环境，让他们自由发展与成长。"双减"减去的是小学生身上的作业负担与学业压力，目的是提升成长的质量。课外阅读也需要基于"双减"精神，真正让学生在阅读中实现成长进步。

在小学课外阅读教学中，基于"双减"精神与要求，要以兴趣为前提，以氛围构建为手段，以学生成长为追求，在学校教师、家长合作努力下，有效推动课外教学活动开展，引导学生学会阅读，爱上阅读，在阅读中成长。

三、阅读教学中注重学生指向思维能力提升——以古诗词教学为例

在语文教学中，指向思维能力发展是一种趋势，毕竟掌握知识的目的是获得思维与能力的进步。在古诗词阅读教学中，基于古诗词特点可以指向学生的文化鉴赏思维能力、词章运用思维能力以及艺术想象思维能力等，真正领略古诗词的神韵，感悟古诗词的意境，真正学好古诗词，为最终语文素养提升奠定良好的人文基础。古诗词是中国传统文化的瑰宝，也是构成中国当代文化基因的重要组成部分。在小学语文中有不少经典古诗词课文内容，古诗词阅读教学很重要。然而，由于古诗词使用的表达方式与当今小学生所熟悉的日常表达方式存在一定的差异，因此在古诗词阅读教学中很容易遇到问题，而指向思维则能够引导学生解决问题，形成思维能力，从而提高古诗词阅读教学品质。

（一）古诗词阅读教学中指向文化鉴赏思维能力提升

能够入选小学语文教材的古诗词都是流传的经典，拥有极佳的意境。在小学语文教学中，赏析文字之美，领略古诗词中蕴含的文化意境，指向

小学生文化鉴赏思维能力培养。尤其是对于小学高年级学生，他们本身已有一定的古诗词基础，相对于低年级小学生而言，他们的文化素养、思维能力有了显著提升，因此已经具备一定的古诗词鉴赏能力。

在现实中，不少小学生在阅读古诗词的时候，大都采用"硬背"的方式，而忽视了古诗词中蕴含的文化内蕴之美，这使古诗词阅读教学变得枯燥乏味，同时还因为有背诵目标，甚至会给他们带来一些学习上的痛苦。作为教师，在引导他们学习古诗词的时候，一定要采用多种方式来引导他们领略文化内蕴之美，在了解和欣赏的基础上去阅读古诗词，才能够指向文化建设思维能力的提升。如苏轼的《题西林壁》，这首古诗词脍炙人口，同时蕴含有丰富的哲学思想。若是直接背诵，或许只能感受到朗朗上口这一古诗词的共同特点，学生根本无法领略其中的神韵。若是教师制作相应的视频课件，生动具体地展示书中意境，然后引申到哲学思维中，让学生也从不同的角度来看看学校，看看教师，或者看看同学。课堂氛围活跃了，更重要的是学生能够领悟到书中的文化内蕴，人文鉴赏思维能力得到了提升。

每一首古诗词，都意味着一种意境、一个场景，文化内涵才是关键，在阅读教学过程中，一定要注重文化内涵发掘，有意识地提高文化鉴赏思维能力。

（二）古诗词阅读教学中指向词章运用思维能力提升

古诗词是高度凝练与浓缩的，短短一篇诗文，几十个词，不仅要描述记录一件事情，还要表达某种丰富的情感与思想。因此，古诗词阅读教学中，对于词章运用思维能力要求是非常高的，古人谓之"推敲"二字，目的就是用最恰当的词语表达去写诗填词。小学高年级学生已经开始习作了，因此在古诗词阅读教学中要学习词章运用思维，提高遣词造句的能力。

相对于现代白话文，古诗词短小精悍，尤其是某些经典作品，在词章上要么浑然天成，要么千锤百炼，后人几乎无法改动一字。教师在古诗词阅读教学时，可以引导学生做一下尝试，看看能不能改动古诗词中的一个词或者一句话，若是学生感觉能改动，改了之后进行对比赏析，看看到底哪种方式更好。如王昌龄的《出塞》一诗，教师在阅读教学中，让学生尝试着改一下。有的学生会把"万里长征人未还"改成"万里长征人未归"，改了之后大致意思倒是没变，但是读音变了，变得不再押韵了，少了阅读的韵味，同时在气势方面也变弱了。有的学生会把"不教胡马度阴山"改成"不让胡马度阴山"，很显然"教"字比"让"字更有压迫性，气魄更强，同时"让"字在古文中的意思与现代文的意思也略有区别，古文中更多的是谦让、退让的意识，而这个改动更多的是现代语言体系中"让"的意思。通过改字游戏，学生能够意识到用好一个词的价值，因此未来语文阅读和习作中，就会更注重遣词造句，并且也会深刻领略古诗词的文字之美。

在古诗词阅读教学中指向词章运用思维能力培养，对于学生的古诗词素养以及文学表达能力提升是有显著作用的。

（三）古诗词阅读教学中指向艺术想象思维能力提升

从某种意义上来讲，中国古诗词属于一种意境组合表达方式，运用最简单的词语来构建意境，然后读者运用自身的经验与隐含其中的逻辑思维，基于想象力来还原意境，在意境中感悟作者想要表达的内容与思想。如"枯藤老树昏鸦，小桥流水人家"，短短12个字，描述了6个事物，单独一个事物并不难勾勒出完整的意境，或者带来强烈的情感体验。但是基于常规认知将其组合起来，就构成了一个"苍凉"的整体意境，作者的情绪就呼之欲出了。

在古诗词阅读中，想象力非常重要。如张继的《枫桥夜泊》中，就运用多个事物来勾勒意境，既有单独的意境"月落""乌啼""钟声""渔火"等，也有个人情绪方面的意境"愁眠"。在勾勒意境的方法中，既有遥远的钟声，也有近处看得见的江枫渔火；既有视觉层面的月落渔火，也有听觉方面的乌啼钟声。学生在阅读这首古诗词的过程中，一定要充分发挥想象力，才能够真正感悟到其中的意境与神韵，否则很难真正了解这首诗为什么能够流传千载而不朽。想象力能够重现诗词的意境，能够让读者以自身的经验认知去感悟古人的心境与所要表达的情感。在小学高年级的古诗词阅读教学中，若是能够指向文化想象思维能力的提升，则学生的诗词学习与欣赏能力就显著跃升了一个台阶。作为教师，则可以为学生再适度提供一些优美的古诗词句，让其想象力得到进一步发展。

文学是需要想象力的，在小学高年级古诗词阅读教学中，引导学生边阅读边想象，他们的文化认知力会得到提升，从而更有艺术修养。

总而言之，在小学高年级古诗词阅读中应有更高的要求，尽量指向思维的发展，让学生在文化鉴赏思维、词章运用思维以及艺术想象思维等方面得到发展，真正提升其古诗词阅读与欣赏水平。

第二节　教师专业发展

一、小学语文教师的专业素养内涵

新课改对教师的专业素养提出了更高的要求，其强调了要加强对高素质小学教师教育的建设。在小学教师队伍中，语文教师占据着重要的地位，其综合水平对基础教育的成败有着直接影响。结合当前教学发现，很多小学语文教师存在着专业素养不足的问题。近年来，我国高度重视教师队伍教育建设工作，而在国家教育发展中教师是非常重要的一个角色，可以说在新课改的推行中，教师起着关键性的决定作用。虽然近年来国家也提升了教师的准入门槛，各学校也会积极对教师开展培训工作，但依然存在着教师队伍发展水平参差不齐的问题，导致新课改无法有效地推行。

（一）专业知识

小学语文教师必须具备扎实的语文专业基础知识。语文专业基础知识包括文字知识、语言知识、常识、文学理论知识以及古代汉语基本知识。首先，教师要有能在实际教学中对各种文体进行准确把握，具备分析问题以及教材知识内容的能力。其次，教师自身要具备现代教育理论知识，要掌握能符合现代社会教育需求的教育知识。最后，教师还要具有丰富的科学文化基础知识。现阶段小学教学中注重不同学科知识之间的连接，而跨学科知识涉及的面较广，其知识结构为多层复合型，如果教师自身并不具备一定的科学文化基础知识，那么在实际的课堂教学中可能会出现知识性错误。

（二）专业能力

首先，教师要具备较高的语言素养。教师是否具有良好的沟通能力会对课堂教学效果造成直接影响，若教师沟通能力较强，则能将知识以更加生动化、形象化的方式传递给学生；若教师的语言素养不高，那么即便教师有再多的知识储备，也无法将其更好地传授给学生。其次，教师应具备较强的道德素养。小学语文教师一定要有较强的职业道德修养、政治素养、高尚品德，这样才能更好地教书育人，在传授学生知识的潜移默化中影响学生，培养学生良好的道德修养。最后，教师要具备较强的能力素养。包括教学能力、教研能力以及应用信息技术开展教学的能力。

（三）人文素养

首先，教师要具备文学素养。对于语文课堂来讲，文学是其重要的组成部分，所以教师自身要具有欣赏文学作品的能力，能熟练驾驭语言，使自身的语言也具有独特的文学魅力，这样在实际教学的过程中才能带给学生惊喜感、期待感。其次，教师要具备人文素养，具体包括历史素养、哲学素养、文学素养以及政治素养等。人文素养的核心是对人价值的一种关怀，其追求的是一种美好的境界，重视的是对人情感的推崇。所以，教师要具备一定的人文素养，在实际教学过程中才能引导学生懂得人文精神，塑造完美的人格，使学生的内在品质能够得到提升。

二、小学语文教师专业发展困境

（一）专业技能不足

小学语文中的知识点内容细小却又系统，因此很多教师在实际教学的过程中可能会产生对其感到陌生或遗忘的现象，可能会混淆某些知识点，对知识的掌握不够清楚，所以在实际教学过程中也无法将其准确地传授给学生。想要成为一名优秀的小学语文教师，就必须不断地进行学习，注重内部积累。但在信息化时代背景之下，小学语文教师也很少会接触到纸质书籍，再加上日常教学较为繁忙，所以有的教师在休息之余更愿意阅读一些喜爱的书籍进行放松，并未深入地投入专业书籍的研究中，导致自身专业技能不足。此外，小学语文教学预设与生成的特征，要求教师能灵活地开展课堂教学，因此教学难度较高，而这也使一些教师的教学热情消退，甚至出现职业倦怠，所以对于自身专业素养的提升也并不重视，专业知识方面面临着掌握不全的困境。

（二）教学方式有待革新

小学语文需要背诵记忆的内容较多，因此很多教师在教学过程中会将重心都放在背诵上，而不是放在学生个性化发展以及教学方式革新上。虽然很多小学都会进行多媒体设备的配置，但依然有部分小学语文教师不能熟练地利用多媒体设备进行教学。一些教师虽然能使用多媒体设备开展教学，但也仅仅是将教学内容制作成PPT，未能将多媒体设备的应用价值充分凸显。还有一些教师在教学过程中即便会应用多媒体设备，也只是将其作为减少板书书写的工具，在实际教学中依然照本宣科，导致学生丧失学习兴趣，无法获得良好的教学效果，而教师自身因无法获得成就感，逐渐失去教育教学的热情。

三、小学语文教师专业发展对策

（一）强化专业发展自主意识

要对小学语文教师的专业发展意识进行强化，可从专业理想树立、专业理论知识的学习以及形成专业自我等多个方面着手，引导教师对自我发展目标和人生事业规划进行确定，并在此基础之上制订出具体的实施方案。同时，教师还应当树立起专业理想，要热爱语文教育教学，工作态度积极向上，关心爱护每一位学生，积极投入自身专业素质和能力的提升中。此外，学校还要为教师营造良好的合作交流氛围，将教师的专业发展内驱力充分激发出来。

（二）对教师专业发展途径进行丰富

首先，作为小学语文教师，一定要具备终身学习的理念，并能自主地投入学习和培训中，要积极地寻找新的学习和发展机会，提升自身专业能力。其次，学校还要给予小学语文教师更多的发展途径，可在校园内开展培训工作，进一步促进教师的专业发展。最后，教育行政部门也要给予小学语文教师更加多元化的发展路径，可定期进行交流活动，使教师的创新能力得以提升，并使其具备教学科研的精神。

（三）优化职前教育

对于小学语文教师来讲，职前教育是其专业发展的基础所在，因此在职前教育阶段就要加强理想与信念方面的培养工作，使教师能树立起专业理想，对教育事业充满热爱。同时，还要加强对师范生的专业实践技能培养，学校要开设具有特点的专业课程，加强对师范生教学方法的传授，使其能通过学习对小学生性格特征、学习特点有全面了解。此外，还要加强对实习教师实践能力的培养，加强实践指导，使实习教师的综合素质得以提升。

（四）健全专业发展制度保障

为了能进一步促进小学语文教师的专业发展，相关部门就必须要有相应的措施和政策作为保障，进行教师管理机构和专业组织的建立，并给予充足的资金作为经费。学校要积极进行激励评价机制的构建，学校方面也要加强管理，有效保障小学语文教师的专业发展。同时，学校还要对教师的聘用、分配制度等进行完善，通过良性竞争机制的构建，推动教师自我发展。最后还要对教师的评价机制进行改进，通过多元化评价机制的构建，提升对教师评价的准确性和全面性，激发出教师的工作热情，使其能自主地投入自我提升中。

（五）树立科学的知识观，修炼学识魅力

教师专业发展三要素中最基础的是专业知识，它不等同于学科知识，它包括通用知识、学科知识、教育科学知识、研究知识等内容。教师不仅要有学历、有文凭来标识已经掌握的人类经验性知识，还要有对这些经验文本知识理解掌握的规律性认识，知识是长在怎样的树上，怎样规律分布的，即带有很明显自我色彩的又能为学生接受的理解层次和含义。程序性知识就是通常说的范式，每个学科知识的形成和发展各有其范式，也是程序性的规律性发展方向，包括掌握、理解运用上的程式，上升到理论思维上的高度就是认知方法论。因而专业知识看似熟识的概念，分析起来却是很复杂的，看似每位教师都掌握了，实质是大多数人根本就没搞明白。由于没有树立科学的知识观，因而大多数人满足于对学科知识的掌握，从而感受不到知识上的缺陷、盲目，教师失去了努力的方向。

提示一：一位学识渊博的教师是指引孩子们前行的一盏明灯，教师广博的学识魅力开启了孩子们的心窗，让孩子们见到了不曾见到的缤纷世界，因此孩子们深深地为教师所吸引。

提示二：现代学生不喜欢那种古板、单调的老师，而是喜欢那些知识渊博、兴趣广泛、多才多艺的老师。现代学生普遍意义上不崇拜教师，究其原因，是受文化多元化、文凭贬值、知识功能退化的影响，当然也有教师知识不够丰富，不适应时代要求的缘故。俗话说"学高为师，身正为范"，教师只有丰富自己的知识底蕴，才能树立起教师应有的学识魅力。当然，这并非易事，且不是一蹴而就的，但也绝非不可能、不可为。

（六）"知、行、思交融"提升以教学能力为核心的专业能力

教师的专业能力要素无疑是教师专业发展的主要内容，而专业能力则应当包括通用能力、教学能力、管理能力及研究能力等。教学能力是核心。通用能力包括沟通与表达能力、人际交往能力、运用现代技术的能

力，它是从事教学工作所需能力的基础部分；管理能力则主要指对课堂的调控能力、学生学习兴趣与节奏的调适能力及群体学习氛围的营造能力；研究能力包括对学生学习及心理状况的分析能力，学科教学活动反思与创新能力，个案及群体学习状态优化能力等，这些都是为专业能力的核心——教学能力提供保障服务的。教学能力中包括了对课程的理解与执行能力，课程主要是通过学科教学来体现的，但是课程实施还有其他途径，如研究性学习、课外活动、社会实践活动等，当然主渠道是学科教学，对课程的执行力主要包括对达成课程目标上的自信力、实施科学有效方法的能力。从事学科教学能力，说白了就是教师的"转化力"，教师要充分掌握学科知识体系，有足够的心智，由教师自身对科学的理解和掌握转化为学生对学科知识的掌握、技能的技巧提升，转化为学生对学科情感的优化、对个体成长的渴望，转化为稳定的学生对社会发展的积极态度和正确的价值观。

教师教学的主阵地是课堂，课外的各科影响都可以广义地理解为课程，教师都有义务和责任去关注。但无论其他教学多么有意义和价值，与课堂教学相比都是次要的，曾有文章把课堂教学分为三种境界：一是有效的课堂教学，这是课堂教学的底线，因为"无效教学"或"低效教学"是对学生生命的一种浪费，当然对教师来说也是在浪费自己的生命；二是高效的课堂教学，即在单位时间内最大限度地完成教学目标；三是魅力的课堂教学，它是通过教师的人格魅力、艺术魅力、科学魅力去影响和感染学生，使课堂充满活力、内聚力和爆发力。而教师所有魅力的基础是专业能力和专业水平，雄厚的专业知识水平，丰富的专业能力，加以高尚的职业情操，便自然产生魅力。

启示一：有效课堂不只是完成课堂教学任务，更是首先把所有学生的情绪调动起来，学生愿意听，肯参与其中，相信自己能进步；高效课堂则是让学生感受到学习的成功，掌握知识的准确无误，并对下一堂课充满期待；而魅力课堂则是一种如沐春风的感受，是师生在理想时空中的神交，知识、能力、素养等这些有形的东西都不存在了。魅力课堂不应该也不会是课堂的常态，但是一种追求的境界，是师生的高峰体验。

启示二：追求有魅力的教学是所有教师的愿望，师生心灵相悦、高效互动，情感和注意力高度聚集于学习的内容，并产生积极的情感和稳定的态度，不仅是教师、学校管理者，更是学生的愿望，而达到这一状态的主导者是教师，教师要主动运用"知、行、思交融"的主体主动建构策略，迅速提升和丰富自己的专业能力。

（七）以坚守专业伦理底线、激活责任感为中心，追求教育理想

专业精神应是教师专业成长中的核心要素，之所以放在三个内容的最后一个来说，并不是因为它不重要，而是因为它太重要、太潜隐。专业知识、专业能力的形成无不基于良好的专业精神。对教育的工作态度、伦理素养、责任感和教育的理念与价值观构成了教师的专业精神。工作态度是指对教育工作的倾向性，即把教育工作放在什么位置，尤其当工作与生活中其他事项发生冲突时选择的方向。伦理素养则是在愿意从事教育工作前提下必须遵守的，也能自觉遵守的道德范畴的要求。责任感是指对工作成效的追求，是"不能误人子弟"的紧迫感和心理压力，是不仅要把教育工作的方向确定好，而且要极大地追求效率，不仅从眼前操作层面看教育影响，还要关注长远的、弥散的"教师场"等因素对学生的影响。教育的理念与价值观则是专业精神的最高境界，是对教育工作的热爱、崇尚和自豪，是指向未来的，也是用未来能享受终身从事教育事业的荣光来审度当前工作过程的一种价值取向。

第三节　语文课堂教学新要求与新特点

一、追求高效课堂打造

在新课改背景下，语文教育的重要性日益凸显。在小学语文教学中，打造高效课堂是语文教师的追求，若想达到预期目标，则需要基于课改资源，并讲究一定的策略，想办法提升语文课堂教学效率，呈现更佳的教学效果。

（一）努力激活学生学习欲望与兴趣

对小学生来说，他们学习的欲望和兴趣是最重要的，他们年龄相对较小，无法理解过于深奥的理论与宏大的理想，他们更愿意探索自己感兴趣的问题。在教学实践中可以发现，一旦学生对教学内容不感兴趣，则他们就会表现出学习倦怠情绪，甚至在内心抗拒学习，持敷衍态度来学习。

以小学低年级的识字教学为例，传统的识字教学主要是要求学生将一个个生字生词记住，最终达到能够识别默写出来的程度。若是学生适应这种方法，自然能够达到既定的教学目标；若是学生不喜欢，则未必能够达到预期的教学效果。考虑到小学生喜欢做游戏的特点，并且还有点争强好胜的心理，教师可以采用"拼字"教学的方法，即把一些生字生词做成不同的偏旁部首卡片，然后将小学生分组，让他们以小组为单位自由去拼，看谁拼得更多、更快、更准确。对于做得好的学生，教师予以奖励。此类小游戏并不复杂，而且适合在课堂教学中玩，教师可以根据识字教学内容的实际情况，适度安排一些此类游戏，能够激活小学生的学习兴趣。实际上，此类识字教学法在国外比较常见，属于拼字游戏，因为有一定的游戏特征，兼具趣味性和挑战性，所以比较受欢迎。学生一旦对教学内容感兴趣了，则学习效率自然会提升，如在带有故事性特点的课文学习中，教师讲解内容或许会显得枯燥，但若是将故事性课文内容变成舞台剧，让学生表演一下，并在表演过程中穿插各种内容教学，其效果就会更好。

（二）合理运用现代教育技术与方法

现代教育教学技术的发展与应用，对于小学语文高效课堂打造有着极为重要的作用。在小学语文课堂教学中，合理运用现代教育技术，能够极大地丰富教学手段，并且能够拓展教学内容展示的时空。

在小学语文教学中，为了让小学生了解和热爱祖国美丽的河山，会安排一些状物写景的经典文章，如《富饶的西沙群岛》《桂林山水》以及《美丽的小兴安岭》等，对于已经具有一定阅历和经验的成年人来说，自然可以从字里行间领略其中之美。然而小学生阅历有限，未必能够产生对应的联想与想象，他们仅从书中的图文知识中未必能够真正领略到其中的美。在信息技术时代，大部分学校都有视频播放等现代教育设备。教师可以提前找到相关的视频、音频文件，然后在课堂教学中进行展示。伴随着抑扬顿挫的旁白讲解，祖国山水的画面在屏幕上展示，学生将会获得听觉与视觉享受，从而对即将要学习的语文课文中的美景产生一种直观的体验。以《桂林山水》教学为例，学生看完视频之后，再去阅读书中的文字，就能够将文字与景物观感对应起来，从而领略到文字中渗透的美感，学习起来自然更高效。若是没有视频教学提前做铺垫，则学生既缺乏观感体验，又没有想象力的发挥，自然会觉得文字干巴巴的。随着移动互联网和智能手机的高度普及，教师找到好的教学资料视频之后可以与学生家长进行分享，让家长在辅导孩子的时候，也能够运用恰当的方法，通过此种方式也可以提高课堂教学效率，改善课堂教学效果。

（三）广泛拓展丰富多样化教学资源

教学资源是指在教学中能够被应用，并且有利于教学目标实现的各类资源，它的范围很广。在新课改背景下，教学资源的拓展变得尤为重要，因为教学资源越丰富，则意味着可以给学生带来更多元化的教学体验，也可以选择更多的教学方式，也就更有利于打造高效课堂。有的教师之所以感觉高效课堂建构困难，其原因之一也就在于缺乏足够的教学资源。

在小学语文教学中，教学资源的拓展需要积累和共享。之所以要积累，是因为教学资源虽然很多，但是需要对其进行整理，找到比较适合自己的。以《火烧云》的教学内容为例，火烧云到底多美，可以从网上找教学视频资源，但若是有教师带着学生一起拍教学资源，岂不是更有亲切感、更有参与感以及学生的学习情绪更容易被调动起来？当然，对于小学语文教师来说，教学资源的积累既可以是自己去创造积累，也可以合理借鉴别人的优质资源。以小学语文翻转课堂教学为例，若是完全由教师自己去整理教学资源，需要大量的时间和精力，而且还未必是最好的资源。因此，教师不妨借鉴别的资源，将自己的时间和精力集中起来解决更重要的关键问题，如去了解学生等。在教学资源的拓展过程中，共享是一个必要的也很重要的做法。教学是需要交流的，有的教师探索出了有效的教学方法，就可以进行分享，实现共同提高。如对《卖火柴的小女孩》这一内容的教学，有的教师通过舞台剧的形式来教学，效果非常好。其余条件具备的教师，自然也可以借鉴。

总而言之，在小学语文教学中，要想取得更好的教学效果，就必须有针对性地打造高效课堂，激活学生的学习兴趣，勾起学生的学习欲望，同时注重对现代教育技术的运用以及课程教学资源的开发，从多个方面来推进高效课堂建构，促进教书育人事业的发展与进步。

二、注重合作学习能力培养

基础教育改革深度推进过程中，小学语文教学日益重视学生综合能力素养培养，这是时代发展的要求，也是教育育人的要求。以小组合作学习的模式来引导小学生开展语文学习活动，不仅能够全方位提高小学生的语文课程能力素养，而且有利于改善语文课程教学整体成绩。

（一）合理分组奠定小组合作学习基础

小学语文学科是适合运用小组合作学习模式的，小组合作学习最基础的一步就是分组。一个班级有几十个学生，要对其进行合理分组，才能组建更合适的学习共同体，实现小组成员的共同进步。根据小组合作学习方式，一个学习小组的人数要适中，4到6人比较合适。人数适中，则每个小组成员都有充分的学习、表达、交流的机会，既不会因为人少而遭遇互动不够的尴尬，也不会因为人多而出现难以管理的困境。确定了小组人数之后，对于小组成员的组成也需要花费一番心思，学生的性格特征、学习基础以及兴趣能力方向都存在差异，按照"组内异质"原则，不同能力素养特点的学生在一起，更容易实现互补搭配，从而达到更好的合作学习效果。

如在学习《秋天的雨》一文时，教师可以引导学生按照六个人的标准组成学习小组，在小组成员特质差异搭配方面，教师可以根据平时对学生的观察、了解、帮助进行协调，提出建议。然后小组合作中要求遵循充分交流互动原则，确保每个学生都能参与到学习过程当中。该文中作者主要从"颜色变化""气味体验""季节信息通知"三个角度来写秋天的雨，这是该文写作的特色，也是文章学习的重点内容，因此可以根据这三点来开展小组合作学习活动。可以是诵读思考交流，当小组成员诵读时，其余成员既要点评读得好不好以及好或者不好体现在哪里，同时还要提出自己的问题，由阅读者回答。如"秋天的雨带来颜色变化"的描写，朗诵者要先朗诵相关内容，并在思考理解的基础上阐述这种写作方式的特点，以及谈谈自己的学习感受，其余成员朗读其余部分，并进行类似学习步骤。最后，大家进行集中讨论，并由同组某个成员进行总结整理表达。如此才可实现整体进步。

合理分组很重要，考虑到小学生自行分组会更倾向于情感喜好，也就是愿意跟自己熟悉或者关系好的同学一起，若是其小组成员的本身特点的确符合科学分组要求，教师可以尊重学生意见。若是过于同质化，教师也需要再跟学生商量，略做调整。

（二）科学分工促进小组合作学习发展

在分组时之所以强调差异特征组合，也是为了最终的组内分工合作呈现互补性。小组内成员长处不一样，有的学生擅长朗读，朗读时声情并茂，吐词咬字清晰精准，节奏方面抑扬顿挫，阅读体验良好；有的学生擅长思考，懂得从不同角度去琢磨，并且将思考与课程学习知识结合起来；有的学生擅长口语表达与总结，适合做汇报工作。学习小组内之所以需要分工，是为了让每个人的长处展示出来，引导别的小组成员在该方面成长；同时分工的目的是促进合作，实现共同进步的目标。

如在学习《美丽的小兴安岭》一文时，可以先进行组内学习分工活动。该文采用了"总—分—总"的布局模式，擅长朗读的学生主要负责第2～5自然段的朗读，这是文章的核心内容部分，在朗读过程中，同组成员也可以学习琢磨朗读技巧。在朗读活动开始之前，小组成员先进行学习问题设定，如"文章的段落划分""文章的结构特色""文章的中心思想"等，将问题一个个列出来，其余的小组成员每个人选择一个问题，在朗读过程中对相关问题进行思考。朗读之后基于问题展开学习讨论，先由个体回答预设的问题，每个人都可以表达自己的观点并对别人的观点进行评价。如某学生说："作者写小兴安岭时按照一年四季写景色，它是时间的变化，我们也可以这样写，还可以从空间的变化来写。"立刻有人附和：

"是可以，但是要写出规律，不能乱写，比如说写校园风景，可以从进校门开始写，然后根据方向位置变化来写。"

在学习小组开展活动初期，组内分工处于磨合探索阶段，主要是促进各个小组成员优势能力的发挥；小学合作学习进入成熟期之后，则应有意识地为小组成员不足之处的发展提供更多机会，引导学生不断完善自身学习能力。此为小组合作学习的精髓所在，互相学习彼此长处，有意识地弥补不足之处，最终实现小组成员的集体进步。

（三）深度互动改善小组合作学习效果

小组合作学习是一个不错的学习方式，培养了学生的互助合作精神。然而在大部分合作学习过程中，学生之间的互动是浅层的，没有真正带动学生深度思考与互动。其实小组合作中还有一点特别重要，那就是最好出现思辨行为，小组成员之间观点冲突对立，然后进行辨析说理。不管最终结果如何，其给学生带来的思考能力提升以及表达水平的改善都是极好的。

如学习《卖火柴的小女孩》一文时，由于它是童话，是带有强烈感情色彩的，同时也是一篇具有开放性思维的课文，学生可以根据自己的经验来思考，然后说出自己的想法观点，只要言之成理即可。如教师可以引导学生思考：若是小女孩生活在现代社会，她会过上什么样的生活？每个学生都可以根据自己的思考来进行表达。有的学生认为会过上幸福的生活，因为现代社会不会让人又冷又饿，而且大家都会帮助她；有的学生认为她会继续过着穷苦的日子，因为卖火柴赚不到钱……学生的观点不同，但是都有一定道理，在这种探讨辩论的过程中，学生会真正启动思考，因为都想说服别人认可自己的观点。

小组学习是一种实践学习组合模式，它注重小组成员之间的互动沟通，互动越有深度，学生的思维能力发展就越好，从而促进小组学习品质的提升。当代语文越来越重视思维能力的发展，以及互动品质与深度，这对语文综合能力素养发展是有着正向影响的。

新课改背景下的语文教学中，小组合作学习则让学生能够基于互补合作意识来实现共同进步。在小学合作学习模式中，每个学生都可以找到自身的位置，同时愿意与他人积极交流，既可以促进小组成员的整体进步，也可以促进学生个人语文能力素养的全面成长。不过在具体小组分组学习中，应注重合理分组、科学分工，并引导学生深度互动。

三、培养学生创新精神

创新精神的培养已经成为世界教育界一个重要的目标。我们生活在一个需要创新精神和创造能力的时代，不管是美国那样的发达国家，还是中国这样的正在走向发达的国家，在教育问题上，都希望培养具有创新精神和创造能力的学生。小学语文内容丰富，体例灵活，在小学语文教学中，只要采用合适的教学方法，教育就会让孩子的想象力飞扬，让他们的创新精神得到培养和发展。要想在小学语文教学中培养学生的创新精神，我认为可以多采用游戏的教学方式，给予孩子更多自由思考和表达的空间，并且还要对孩子个性发展和犯错行为有足够的包容心。小学生童真未去，他们还拥有丰富的想象力，而想象力就是创新精神发展的一个基础。作为小学语文老师，我认为有必要在教学中有意识地培养学生的创新精神和创造力。

（一）尽量多用游戏模式教学

爱玩，好奇，是孩子的天性。尤其是低年级的小学生，他们在幼儿园的时候，就是以游戏模式作为学习方式的，进入小学之后，也还是一样会喜欢游戏学习模式。在玩中学是大部分小学生最喜欢的学习方式之一。游戏模式教学的好处是学生喜欢、参与度高，如果是采用教师讲、学生听的教学模式，小学生很容易进入一种学习疲劳状态，无法集中注意力，不仅教学效果不好，而且对于他们想象力的发展与创新精神的培养没有好处。

以人教版一年级《比尾巴》这一课的教学为例。这是一个充满童真乐趣的课文，采用游戏模式进行教学，学生会很喜欢。在课前，我提前给孩子们布置了一些任务，让他们自己想办法模仿课文中的各种动物，然后上课的时候玩比尾巴的游戏。孩子们的想象力还是很丰富的，到了上课的时候，有的孩子穿着胸前印有某个动物的衣服，有的孩子戴着某个动物的面具，有的孩子直接穿着一整套某个动物形态的睡衣……这些动物的扮相，不仅覆盖了课文的动物类别，而且多出好多种动物模拟类型，非常可爱。上课的时候，孩子们非常兴奋，互相比，不仅能够说出课文中那些动物尾巴的特征，还能够说出新增加的动物的尾巴特征。作为老师，在他们玩的过程中，让他们看关于尾巴的图片和视频，这样课文的内容也就在玩耍中见缝插针地教完了，孩子们也很开心，下课了都意犹未尽，不少孩子都想着下一次要表现得更好一点。

游戏，可以给孩子自由发挥的机会。不要觉得孩子玩耍是浪费时间，他们在玩的过程中，只要有合理的引导，就会学到东西，而且还能够培养创造力。有时候，孩子们的创造力会给人一个惊喜，你永远猜不到有些孩子会想出什么样的游戏招数。

（二）给予孩子更多自由思考和表达的空间

小学生的独立意识不如青少年那么强，但是现在小孩普遍有早熟趋势，他们接触的信息数量远比以前的小孩多，因此他们思考问题虽然有时候很天真，也很幼稚，而他们对于自由思考和表达的需求却是很旺盛的。

由于过去应试教育的影响，我们小学语文教学课堂也经常会出现沉闷的气氛。教师要想完成课标上要求的知识目标，就希望学生能够认真听讲，好好理解课文。可是教师讲的内容小学生未必感兴趣，采用的教学方法也不能成功激起学生的学习欲望和兴趣。这样一来，教师着急，而且学生也感到疲惫，教学效果却不好，更谈不上创造精神的培养。因此我认为，要想让孩子有创造精神，必须给予孩子更多自由思考和表达的空间。

在学习《小壁虎借尾巴》这篇课文时，讲完课之后还有不少时间，我让学生自由发表观点并讨论。于是，在平时几个思维特别活跃的学生的带动下，以及我有意识的引导下，学生们展开了讨论。有的学生说，小壁虎为什么要借尾巴啊？我觉得它没有尾巴也挺好的，尾巴又没有什么作用。然后就跟一个认为小壁虎一定要有尾巴的学生展开了讨论和辩论。有的学生说，小壁虎的尾巴断了又能长出来，肯定有什么秘密，要是掌握了这个秘密，以后人的手断了也可以长出来，于是几个有着相同想法的学生立刻扎堆研究起这个秘密来。还有的学生属于实践派，想着回去抓只壁虎关起来养，把壁虎的尾巴弄掉，然后看过多久才能够重新长出来，还想看看长出来的尾巴跟原来是不是一样的……看着孩子们七嘴八舌地讨论，甚至有的争论得面红耳赤，我忽然觉得这是一件多么幸福的事情！或许那些大科学家在小的时候也是这么天真可爱，也是像这样在一次次充满童趣的自由讨论中，种下了对未知事物的充满好奇的种子，最终慢慢萌芽成为创造力，引导他们在科学的道路上勇敢探索。

创造精神是一种自由的精神。要想培养小学生的创造精神，就必须尊重他们自由表达的权利，千万别用条条框框限制了孩子们处于萌芽的创新精神。

（三）对孩子个性发展甚至犯错行为有足够的包容精神

当今世界，美国是世界上创新精神最受推崇的国家之一，其基础教育和高等教育都非常鼓励创新精神培养。正是因为培养了大量具有创新意识的人才，美国在新发明新创造方面依旧在世界上居于领先地位。然而，教育教学要想鼓励创新精神，就必须对学生的个性发展甚至犯错行为有足够的包容精神。

有个著名的案例，那就是英国著名的生物学家麦克劳德在读小学时，出于好奇杀死了校长家的狗，这是一个很严重的错误。幸运的是，他遇到了一位开明且颇具教育智慧的校长，没有简单粗暴地对他进行处罚，而是罚他画出狗的血液循环图和全身骨骼图。正是这种包容精神，培养了一位诺贝尔奖获得者——麦克劳德因为在胰岛素治疗糖尿病研究中的杰出贡献而获得了1923年的诺贝尔生理学或医学奖。试想一下，如果当时校长不是宽容以待，而是揪着孩子杀狗的错误行为不放，对他实施严厉惩罚，甚至开除，就可能扼杀少年麦克劳德的好奇心与创造精神，这样就毁掉了一个人才。

在现实中，由于接触到的信息越来越丰富，很多小学生变得越来越有个性，他们也在不断地追求个性，甚至在课堂学习中也会表现出来。对于这些追求个性的行为，哪怕看起来不成熟，但是只要不是人生方向性的错误，教师就没有必要强行干涉，可以予以善意的引导，毕竟小学生年龄尚小，他们的未来还需要老师的引导。

包容个性发展，对于错误行为予以善意的包容和引导，这是我作为语文教师的一个心得，因为这样可以保护孩子们创造精神的发展。创新是一种精神，创造是一种能力。人类之所以是高等智慧生物，就是因为具有创新精神和创造能力。未来，创新精神和创造能力会让我们的世界更美好。作为基础教育的小学语文教学，教师要有保护的意识，培养学生的创新精神，给予他们创新精神发展的空间，引导他们创造力发展过程中出现的错误行为。具有人文精神和气质的小学语文，应该成为培养孩子们创新精神的温床和契机。

四、高年级语文教学应注意小升初衔接问题

语文学科作为基础核心学科之一，在基础教育阶段对学生成长与发展有着独特的价值和意义，学好语文不仅有利于学生学习成绩与能力的提升，而且有利于学生人文素养和学科素养的培养与发展。在语文教学活动中，小学语文教学和初中语文教学在内容与要求上有着较为明显的差异，

因此在小学高年级语文教学过程中应重视小升初语文内容的衔接问题，引导学生顺利从小学语文学习状态转入初中语文学习状态，适应语文教学内容与要求的变化，从而取得更好的语文教学效果，促进语文教学发展。

（一）注意衔接小学语文教学与初中语文教学的差异性要求

语文教学贯穿了整个基础阶段，然而每一个阶段的内容与要求是存在一定差异性的。小学语文教学是语文知识学习的基础与启蒙阶段，而初中阶段则对学生语文能力提出了更高的要求，对应的内容也会出现变化。由于这种差异性的存在，不少小学生进入初中之后，在语文学习中会出现一些不适应感，因此小学高年级语文教学要注重小升初语文内容的衔接要求。

1. 教材编排内容的差异

小学阶段语文教学内容相对简单，从教材编排来看，小学语文主要侧重于字词句篇等基础知识的学习，所选择的文章相对较短，内容也比较浅显，相对通俗易懂，有利于逐步引导小学生建立起语文知识的体系架构，从而提高其语文学习能力与理解能力。从小学低年级到高年级，语文教学内容会逐渐趋于复杂和丰富，但是内容根本特点的变化并不大。然而到了初中，语文教学内容一下子变得更加复杂，篇幅更长，并且内容更有深度，其中部分内容对学生来说，理解起来有一定难度。以语文古典文学作品为例，小学高年级主要是以流传较广的经典诗词为例，如《江南春》《回乡偶书》《天净沙·秋思》《石灰吟》等，文言文数量相对较少，且编排的也是内容相对简单的《伯牙鼓琴》《两小儿辩日》等文章，语言相对直白，学生理解起来难度并不大。进入初中之后，诗词与文言文内容明显变大，诗词如《峨眉山月歌》《逢入京使》《山坡羊·潼关怀古》等，文言文则是《论语（节选）》《孟子（节选）》《愚公移山》等，内容层次更深，并且语言理解难度更大，大部分学生在教师的指导下方能进行阅读与学习。小学高年级语文内容选择在某种意义上是为了给初中语文教学内容做铺垫，内容难度、丰富性都呈现逐步上升态势，这种上升并非完全跳跃性的，而是有一定连贯性的，因此需要做好内容层面上的教学衔接工作。

2. 教学要求与标准的差异

在教学要求与标准上，初中语文教学与小学高年级语文教学是存在一定差异的，整体趋势是要求更高，标准更严。对小学高年级学生而言，能够掌握基础的语文知识并完成学习任务即可合格，进入初中之后，语文学习各方面要求都有显著提升。以阅读为例，初中学生的阅读量更大，阅读强度更高，学生不仅要提高阅读速度，还需要掌握阅读技巧，能够理解阅读材料中所蕴含的深层次含义与人文精神。与小学高年级语文相比，初中语文教材文章数量和篇幅都有了显著的提升，此外，阅读增加了"名著导读"和"课外古诗词诵读"等板块，这意味着学生不仅要在课堂教学中完成所学知识的阅读，还要在课外进行阅读，从而拓展自身阅读视野，累积阅读素材。同理，在口语表达、写作训练等语文学习领域，与小学高年级相比，初中语文教学对内涵与技巧的要求更高，小学高年级学生习作训练，只需要结构基本合理、语言准确、行文思路清晰即可，而进入初中之后，写作训练更强调写作技巧、内涵逻辑等层面的内容，学生之间的语文素养和学习能力差异也在逐渐显现。小学语文教学与初中语文教学在要求和标准上的差异，容易导致小升初学生出现一种学习不适应感，做好内容衔接能够减少学习不适应感，顺利步入初中学习。

（二）小学高年级语文教学活动中小升初内容衔接要求与方法

虽然小学高年级语文教学与初中语文教学存在客观差异，然而更多的是体现在量的显著提升与质的逐步推进上，教学内容方法还是存在一定延续性与连贯性的。若想做好语文教学中的小升初教学内容衔接工作，可以在不增加学生学习任务压力的情况下，根据初中语文教学内容与标准合理提升小学高年级语文教学要求，为学生做好必要的小升初语文学习铺垫工作。

1. 在教学中适度渗透初中语文教学方法与技巧

部分教师将小学高年级语文教学与初中语文教学完全割裂开来，这实际上是一种错误的思维。作为小学高年级教师，应多接触和了解初一年级的语文教学内容，掌握一些初中语文教学方法与技巧，然后有选择性地应用于小学高年级语文教学活动中，让学生于不知不觉中在一定程度上提前适应初中语文教学。以阅读为例，教师可以要求学生提高课堂阅读速度与质量，如部编版六年级上册第三单元，该单元基本上都是以科普说明文为主，教师可以采用问题引导的阅读方式，针对每篇文章提出1～3个问题，然后要求学生在规定时间（阅读时间设置稍微短一点）里完成阅读并找出正确的答案。如《宇宙生命之谜》一文，可以设置"地球之外宇宙到底有没有生命？原因是什么""科学家探索宇宙生命之谜都做了哪些探索"等问题。由于阅读时间有限，学生就会不自觉地提高阅读速度，并且学会在阅读中抓住关键词来解答问题。通过类似的阅读训练，学生的阅读速度和质量就会得以提升，从而可以更好地适应初中语文阅读要求。此外，教师还可以引导学生扩大阅读量，毕竟初中语文与小学语文最显著的一个差异就是阅读量显著提高，初中语文会有大量的课文阅读，小学语文阅读教学可以在这方面进行引导，有利于最终的衔接。如六年级上册第八单元，该单元以"鲁迅"为主题组织编写内容，鲁迅作为中国近代文学巨匠，其自身著作以及相关研究材料都非常丰富，教师除了课堂上引导学生阅读课本内容之外，还可以自行选编2～3篇同类主题的课文阅读材料，让学生习惯通过课文阅读方式来拓展阅读量，从而提前体验和习惯初中课文阅读增多的情况。

2. 在教学内容上有意识关注与强调连贯性

小学高年级语文与初中语文在教学内容上是呈现一定连贯性的，从难度上来讲是逐渐提升，从要求上来讲是逐步提高，从范围上来讲是稳步扩展，然而并非呈现跳跃式发展，而是一种递进发展的连贯性关系。以语文教材中选编的鲁迅先生文章为例，小学六年级选编了其文章《少年闰土》，实际上是从其小说《故乡》中整理而来，七年级同样也会有《从百草园到三味书屋》以及《阿长与〈山海经〉》等，实际上整个系列都是鲁迅先生对于故乡与童年的回忆，文章内容之间也存在一定的关联性。小学语文教师在教授《少年闰土》的时候，也可以有意识地顺带讲一点后面两篇文章的内容，不要求学生掌握，但是可以引导学生建构起更丰富的关于鲁迅先生故乡与童年生活的知识内容体系，当学生升入初中之后，再具体学习相关课文时，就会唤起相关的知识记忆，从而会更有兴趣和动力。在古典文学领域的古诗词和文言文教学也是如此，小学六年级的古典文学知识都将成为初中古典学习的基础，在小学高年级语文教学中，学生对小学诗词字词含义、写作手法、情感表达等相关知识了解越多，进入初中之后学习古典文学知识的基础就越好，从而有利于更好地进入初中语文古典文学课文内容学习状态中。当然，这一切都有赖于小学教师在教学过程中有意识地引导学生提前接触一些初中语文教学相关知识，为学生打好教学内容衔接基础。在此过程中，切忌过度安排初中语文教学内容，那样很容易造成人为拔高学习难度的情况，从而容易导致学生产生学习抗拒感。语文教师按照课程安排，适度渗透一些初中语文教学方法与内容即可，并且在具体掌握上不应做硬性要求。

在小学高年级语文教学工作中，教师要根据教学实际情况，合理引导学生接触和适应初中语文教学节奏与内容，从而促进小升初语文教学内容更好地衔接，推动语文教学实现高品质发展。

第二章

小学语文课堂视频案例切片式观察

小学语文课堂视频案例切片式观察，从本质上来讲是对课堂的观察、分析与诊断，基于微格化解读找出课堂教学中的不足与特长，然后为教育教学改进优化提供支撑，从而促进教师专业发展，促进教学质量提升。

第一节　相关概念界定

一、课堂教学切片诊断

课堂教学切片诊断是河南大学魏宏聚教授首创的概念及方法，以定性与定量结合的方式诊断课堂教学，优化教学行为。这种模式既基于标准而具有科学性，又关注实践而具有可操作性，是一种科学且简便的课堂观察模式。同时，课堂教学切片诊断极为重视教学经验的归纳与提炼，从内而外优化教师专业教学知识结构，使教师内在素质得以提升，教学品质得以改善。

目前对教学诊断尚未形成统一的定义，但综合以上观念可明确教学诊断的一些特征。

第一，诊断对象为课堂教学中的问题。但由于教学本身的复杂性诊断难以面面俱到，因此现阶段的教学诊断视角集中在教学行为、师生互动、学习活动等方面。

第二，教学诊断是一种"因病下药"的处方式的诊断，通过获取与分析教学实况资料，抓准教学中的问题并给出改进策略，遵循"收集资料—分析资料—得出结论—寻求策略"的思维方式。每个环节中都有一定要求。收集资料时要借助一定方式，包括诊断者个人感官，如看（教学活动）、听（对话交流）、问（设计意图）来加深对教学的理解。此外，外部辅助工具如纸笔等也不可或缺。分析时要秉承理性的态度，要依据一定的标准评判教学活动，这是保证诊断科学性的前提。

第三，教学诊断的核心意义在于通过提供改善性策略，提升教师内在素质，从而提高教学活动的有效性。教学诊断的核心词为"诊断"，对应着教学中存在的问题，这些问题必然制约着教师专业素养提升，解决这些问题的意识会引导教师去分析个人的教学工作、思考教学本质，有益于教师的教学智慧更加凝练。通过教学诊断不仅能改进教学技巧，更能提升教师内在的专业素养，从根本处提高教学品质。

二、教学切片与教学切片诊断

（一）教学切片

教学切片概念受生物学中的"切片"启发而提出。从行为主义的观点而言，可将教学解释为由一系列可观察的行为组成的系统，因此教学行为可以被分解。教学切片即利用视频分割技术，将教师教学活动分解成单独的教学设计行为片段，这种包含相对独立的教学技能的片段即为教学切片。通过诊断典型的教学切片，达到从优化部分到改善整体课堂的目的。

（二）教学切片诊断

切片更多的是指生物学或医学中所应用的一种玻片标本，由特制刀具将生物体的组织或者矿物切成薄片，可以在显微镜下观察，以此获得对事物本身最精确、最真实的认识。与之类似，碎片化的教学设计行为片段被称为"教学切片"，而每一切片本质上所包含的正是具备某类独立教学技能的教学行为片段。以教学切片为中心，可以实现对完整课堂教学进行的分解研究，把握课堂主旨，最终提高课堂整体实效。上述方法正是教学切片诊断在课堂中的应用，这是由魏宏聚教授提出的新型课堂教学研究方法，该方法结合了录像观察与人工观察，通过定性视频分析的方式，提取典型的教学切片，全面重现教学实况，直观、真实地归纳并提炼出优秀的典型的教学设计特点与要求，最终实现教师教学技能的提升和课堂教学的高效。

（三）课堂诊断与课堂观察

"诊断"中"诊"指的是察看，大多指的是医生察看病情；"断"一般译为判断、决断之意。因此，"诊断"既要求对诊断对象进行必要观察，又必须依据察看结果进行判断。"课堂诊断"是在诊断基础上的拓展与延伸，一般是指诊断者通过观察师生在课堂中的教学行为、互动交流等方式，在科学理论的指导下进行专业、理性的思考，总结并提炼出执教者的教学特点与经验，发现课堂教学实践中所存在的问题，考察教师的教学效果并提出相关解决措施与建议。课堂观察是指研究者通过观察、记录、分析并研究课堂的教学实践情况，以此试图改善学生的学习和生存状况、增进教师各项素质并推动其发展的专业活动。课堂观察本质上类属于听评课，观察者必须保证是课堂教学活动中的"他者"。课堂观察行为系统的环节之一就是对观察结果的处理与呈现，即诊断环节。因此，课堂观察同样可以诊断并解决课堂中的实际问题，从某种程度上而言，课堂观察和课堂诊断具有互通性。

第二节　基础理论

一、实用主义教学理论

课堂教学切片诊断的操作思路是通过归纳教师典型经验，生成某教学设计的操作性理论，从而改善教学实践。这十分契合实用主义的核心理念，实用主义强调实践，重视经验的内在价值，认为学习就是经验的重组与改造的过程。

首先，实用主义认为经验支配实践发生。以杜威为代表的实用主义者曾言支配人类日常实践的绝非普遍性真理而是经验。将实用主义的理念放在中小学教学实践下思考，支配教学实践的即为教学经验。实践成效的优劣与经验丰富程度密切关联，这就是经验型教师学习预判及教学思路构建优于新手教师的原因。课堂教学切片诊断承认教学经验在教学实践中的关键地位，并致力于经验的提炼优化，以教学经验改造推动教师内在知识结构的改善，以此来提高教学品质。与实证主义将经验视为"关于过去事情的记忆"不同，实用主义认为经验"不坚持先前的现象而坚持随后的现象，不坚持先例而坚持行动的可能性"，也就是说，经验从曾经中诞生，却规划未来。反观教学经验，是从无数教学实践中获取的，但却指向未来的教学活动。因此教学切片诊断关注教学经验，并坚持优化教学经验与对提升未来的教学实践品质密切相关。

其次，实用主义认为教育是从经验中产生的，教育的过程即不断改造与改组经验的过程。由于实践是持续发展的，经验便得以改造重塑。正因为如此，才为教学切片诊断从中小学教师日常教学实践去发现、改造教学经验提供契机。经验的优化重组是漫长的过程，教学切片诊断以动态发展的眼光看待经验学习，通过持续追踪观察教师积累经验与形成技能的程度，从而保证了经验改造的深度。

最后，经验学习需要专业手段。这与经验的特性有关，经验植根于个人行动中，具有缄默性、情境性、零散性等特征，难以直接感知，需通过有意归纳、提炼方可形成实践性教学理论。但在一般的课堂观察或教学诊断中，教师一无经验提炼的意识，二无经验提炼的方法，仍停留于技术层面的改造而无法触及个人内部教学知识结构的重建。教学切片诊断从经验与显性概念的动态创生角度出发，采取"定性—寻找标准—形成结论"的操作思维，注重归纳、提炼教师行为背后的经验，并从教学设计的角度使其概念化、系统化，形成实践性理论。这种方式兼顾了科学性与可操作性，将教师个体内隐性的经验外显化，转化为公共知识，形成系统、规范的知识形态并传授于受训者，实现经验的交流、创新与丰富。

二、行为主义理论

从教育心理学角度出发，教学切片诊断是对教师教学行为的优化，因此，行为主义理论是其理论基础。教学切片诊断的提出离不开行为主义对教师教学的指导。

首先，是对教师行为的关注。华生所开创的行为主义学习论忽视了遗传因素、思想意识等作用，而采取径直研究人类行为的方式进行人格培养，过分强调了后天环境对人影响的决定意义，是一种典型的环境决定论。将意识与行为绝对对立是错误的，行为主义的弊端显而易见。但不可否认的是，行为主义者试图改变人类行为，同时为人们指出更为合适的发展方向，其研究目的是美好的。对行为主义者而言，真实的事物都可以通过外在的、现实的和可被观察的行为反映出来，这一点引发了研究者对教师行为的关注。研究人类行为为教学切片诊断指向教师教学行为的优化提供了理论基础，研究教师行为具有重要意义，原因有三。

其一，教师行为的本质是人类行为本质的反映，并且是人类一般行为的超越。

其二，教师行为是知识、情感、能力的凝聚，深刻影响着学生的人格与成长。

其三，在课堂中，教师行为更多地体现着教师的教学行为，体现着教师的教学艺术、教学风格、教学能力等，在某种程度上象征了课堂教学的质量高低。

因此，研究教师行为，关乎的不仅仅是教师发展、学生成长，同时影响着课堂教学的进展，是极为必要的。

其次，教师行为是可分解、可优化的。正如行为主义所言，具身化过程是可以被观察和描述的。不管是以身体表达的方式，还是以对他者应答的方式，具化都是可见的、可感受的、可体会的。课堂教学整体正是由单独的并可以被观察的行为构成，优化教学行为的组合与排列方式可以有效达成高效教学。在此基础上，行为主义代表人物斯金纳提出"强化相倚原理"，认为人们的复杂行为可被分解成一系列小的并能循序渐进的步骤，之后通过人为地精确安排其组合的方式，可以使有机体逐步得到强化，直至达成目标。他相信，按照此方式，学习也必定会取得成功。因此，人的行为是可以进行分解的，并能够通过有目的训练进而得以改善的。

同理可知，教学行为同样是可以分解的，并且是可以优化的，教师个体的行为也可以照此训练。国内学者也对这一观点进行了佐证，如傅道春认为，教师行为是一种可观察、可分解、可在短周期里实现优化的职业行为。

最后，值得一提的是，不同于以往的研究方式，教学切片诊断在行为主义理论基础上，对其进行了丰富与完善。举例来说，教师教学效能研究受行为主义理论的影响，盛行"过程—结果"范式研究，该范式试图揭示教师有效教学行为的特点，然而，这种研究范式忽略了影响教学的其他因素，如忽视了教师教学行为背后所蕴含的知识背景或认知过程。同时，国内学者根据行为主义理论，对教师行为进行了不同类型的划分，并以此作为研究对象。其中，以目的性的教学行为、规范性的教学行为、表演性的教学行为为主，然而此种分类中的教学行为属性在课堂的真实情景中难免有所交叉，如教师为加深学生对古文的感知，采取"吟诵"的表演方式，从而规范学生的阅读行为，在此过程中，教学的目的性、规范性及表演性均有所存在。由此可见，对行为主义的应用是值得考究的。作为行为主义视角下进行的课堂诊断，教学切片诊断对行为的划分，不是抽象地研究教师的行为，而是借助于视频案例将教师的某一典型教学行为进行分析、提炼、概括，以教学设计为底蕴的教学行为分析会变得更加具体化、合理化、体系化。

三、教学过程最优化理论

从教育学角度出发，教学切片诊断是以实现对教学设计的部分优化进而达成课堂教学的整体优化，因此，教学过程最优化理论是其理论基础。课堂教学是由一系列教学事件组成的，整体的优化可以通过个别的优化来实现。教学切片诊断实际上体现了通过对课堂进行分解，以促进部分优化最终实现整体优化的思想理念，即通过优化教学中的核心教学活动——对包含某一技能的典型切片，可以实现整体教学的最优化。而"最优的"这个术语指的是"依据一定的标准衡量对当时条件来说最佳的"，同样，教学切片诊断的研究成果，也是在一定时空范围内有效的。基于此，教学切片诊断在面对诊断标准的同时，同样采取了动态学习和不断调整与丰富的方式。如何不断深化课堂教学改革，如何扭转原有课堂教学效率低下的局面，一直是教育者所关心的问题。

近年来，课堂教学一直讲究高效，优质课堂的理念随之产生，就是尽可能地激发教学潜能，保证教师在有限的时间内可以最大限度、最成功、最完美地完成教学任务、达成教学目标、求得课堂教学收益的最大化。巴班斯基的"教学过程最优化理论"深深地影响了优质课堂构建，换言之，优质课堂的研究是对教学过程最优化理念的继承与应用。而教学切片诊断方法的提出，通过诊断课堂，发现并解决问题，实质上也是在追寻课堂的优质效果。巴班斯基提出，为实现最优效果，为使教学过程在既定标准下发挥最优作用，教师应全面理解教学的规律与原则，熟悉现代教学的形式和方法，掌握教学系统的特征和内外部条件，这就对教师提出了相当高的能力性要求，这是实现最优的组织教学过程的首要条件，即教师必须进行专门的科学教学法训练：第一，实行做练习的方法，让教师做选择教学过程最优结构的练习；第二，组织教师系统地研究先进的教学经验；第三，训练教师自我分析教学工作。巴班斯基强调了训练的作用，重视教师经验的利用及分析工作的开展。教学切片诊断不单单是对课堂教学情况的评价与分析，同时也包括了对教师的科学训练，从个体诊断转为教学技能的系统训练。如通过寻找教学标准，并确定让教师作为教学设计的依据的过程，其实就是教师选择最佳教学方案的过程。并且，教师可以通过切片分析系统学习典型优秀教学经验，规避不足，在教师进行自我诊断的时候，镜面反思的功效更能够使执教者得以进行深度的自我剖析，这也完成了教师自我分析的工作，从某种程度上讲，教学切片诊断是教学过程最优化理论的应用与创造。

四、个体实践性知识

从知识论的角度出发，教学切片诊断是对教师实践经验进行的归纳与生成，因此，个体实践性知识是其理论基础。知识支配着人们所有的目的性的实践行为，换言之，实践行为是由知识所建构的，不存在没有任何知识基础的有目的的实践行为，该类行为的背后必定有一套系统知识基础的存在。因此，研究教师行为，必须关注行为背后所隐藏的知识，教师典型教学行为背后的典型经验，正是教学切片诊断所关注的。康德认为经验是知识的原料，这无疑肯定了经验的重要地位。而知识指的是人们在实践中认识客观世界乃至自身的成果，包括对事实、信息的相关描述或在教育和实践中获得的一定技能，大体可分为理论知识和实践知识。其中，教师通过反思和提炼自身的教育与教学经验形成的，并能借助自身行为反应做出来的对教育教学的认识就是教师的实践性知识，其具备行动性、情境性、个体化与可反思性等特征。贝贾德和威鲁普将教师实践性知识视为提升课堂教学质量的核心要素，堪称教师评价中最重要的部分。

教学切片诊断充分认识到了教师实践性知识的重要性，其重要任务之一就是对教师教学经验进行归纳，从而生成极具实践价值的教学理论。从此种意义上而言，将教师实践知识作为课堂教学切片诊断的理论基础极为必要。无论是否存在意识，教师的工作通常是借助本人所特有的"实践性知识"或"实践性学识"作为支撑。教师的实践行为在教师经验的指引下发生，体现着教师的实践智慧，实际上，实践性知识更为通俗的理解就是经验性知识，教学经验在本质上正属于教师实践性知识。对此，日本学者佐藤学指出，实践性知识是存在于有效语脉的经验性知识，可以作为案例知识加以积累和传承，其最重要的地方在于实践知识具有鲜明的"情境性"，即"语脉"，是实践者即教师在真实的课堂教学实践中，通过对教学情境的认知、反馈、互动所形成的，来源于实践的知识应用于实践，将具备更强的实践操作性。实践性知识具有"默会性"（内隐性）和"情境性"（行动性），传统的课堂诊断的关注点在于课堂教学效能的提升，但是往往忽视教师实践性知识的归纳与总结，因此，通常逃不开"就课说课"的模式，始终停留在情境本身，而无法实现一般意义的推广和应用，课堂研究始终停留在表面。而教学切片诊断对教师教学经验进行的归纳与生成，其实质就是对教师实践性知识的理性提升。

五、视频图像研究法

从方法论角度出发，教学切片诊断是对教育视频的学习过程进行阐释和分析，因此，视频图像研究法是其理论基础。研究者发现视频图像在教育领域中运用的主要路径有：简单地将视频图像作为教育教学媒介；将视频图像作为课堂互动研究的工具；将研究视频图像作为促进教师专业成长的方式。教学切片诊断充分利用了视频图像的独特优势，更是将其作为主要研究方法之一。

目前，课堂视频分析作为课堂研究的新方法和新技术，帮助研究者获取信息、提取数据、提升研究实证性水平，对课堂进行质性重构研究，在教学改进、教学理论建构、教师教育等方面起到了强有力的助推作用。而将视频图像视为一种研究方法时，研究者所关注的不再是视频的媒介工具性功能，而是其本体性价值。课堂视频分析具备相应的理论创生价值，可形成新的理论知识，赋予新的表现形式、研究视角及范式特质，最终可构建崭新的理论范畴。研究者的研究重心不单单是观察课堂视频中所呈现的具体景象，更多的是关注研究视频背后所蕴含的意义以及如何生成与重构理想画面。

研究者指出，将视频图像作为社会科学的分析方法，至少包含以下两个方面的特性或前提：其一，视频图像的资料来源可以是大众媒体素材，也可以是因科学研究目的而自行拍摄的视频图像。重要的是研究者必须基于社会科学的范式对视频图像进行分析，比如分析视频图像画面中互动主体行为的动作以及这些行为动作所隐含的深层结构。其二，研究内容要围绕视频图像画面中呈现的各类事件，在互动过程的"视听化"层面进行机构化阐释。基于此，教学切片诊断的视频是来自课堂的真实教学实况，通过视频录制实现了教学情境、教师行为等细节的全部固化，帮助研究者反复进行细致诊断，其研究目的在于分析教师行为背后的深层意义，从个案探寻操作性的教学规律。而且，教学切片就是教学录像片段，其后续研究即教学切片诊断工作的开展，均是围绕视频图像中所呈现的案例进行的。

第三节　小学语文课堂视频案例切片式观察手段与方法

一、课堂教学切片诊断工具

　　从工具而言，教学切片诊断将微格教学核心技术手段移植于课堂教学研究中，课堂教学切片诊断采用微格教学内部核心要素，将单纯作为技能训练的教学方法发展成促进教师专业发展的教研模式，形成了特色的教学切片诊断。切片诊断采用微格教学的视频技术记录教师教学的真实过程，以真实的课堂全貌作为研究素材辅助教师了解教学真实情况，为教师的正确反思提供了可靠性证据。不少教师在反思时总错将预期的教学设计看作教学事实，使得教学反思难以抓住真实问题所在。切片诊断的起始在于如何切，切点选取时结合了新课程倡导的理念及教学设计理论，按照课堂教学流程逻辑，将复杂的教学活动分成若干个可观察、可描述的具体教学切片点，包括翻转课堂作业设计/前置性作业设计、教学目标预设与叙写、情境导入、教学目标呈现、师生互动、小组合作、教学结构及线索设计、教学重难点处理、教学过渡艺术、教学活动中的目标意识、板书设计等。这些教学切片点从根本上来说即是承载了某一教学设计的课堂教学行为体现，通过录像技术支撑将这些相对独立的教学设计行为记录成视频片段，就是可观察的切片。教学切片诊断所提供的切片视角具有去学科化、基础性及可观察性，切片本身又捕捉到了教学实况细节且可反复利用，有利于观察者聚焦性地关注行为以提出贴切的优化策略，避免观察陷入混乱、无序的状态。

二、课堂教学切片诊断程序与操作

从程序而言，课堂研究的实施场域为中小学，研究主体多为一线教师，这就决定了繁复的观察操作必然寸步难行，因此教学切片诊断提供了一套可清晰操作的步骤。由初步切片、典型切片、分析切片三大环节构成系统的诊断流程。初步切片，即观察者现场定性地收集记录有价值的教学信息，为后期的典型诊断规划基本方向。典型切片，即在初步切片的基础上，借助切片录像，聚焦分析教学行为中的典型，包括优秀片段及不足片段。优秀片段用以总结经验背后的实践性原理，不足片段则是教学问题的症结所在，用以提出解决策略、提升教学品质。分析切片是诊断的核心，通过定性、寻求标准，形成结论等步骤形成了细致深入的诊断，使整个诊断活动流畅有序。定性即将典型切片归属于学科角度及一般教学设计角度，提升结论的普适价值。基于标准的诊断体现出诊断的科学性与专业性，形成结论时要注重归纳教学设计的操作规律及教学效果。仅凭归纳一节课的教学经验难以形成涵盖某类教学设计的所有准则，因此要通过多次观摩多位教师的同种教学设计，不断归纳、丰富与优化进而形成相对完善、规范的教学设计理论。教学切片诊断将校本教研理念融合于方法中，将理论学习、定格研讨与具体教学实践联系起来，依循"理论学习—教学实践—诊断分析"的步骤，促使教师实现从理解教学技能的基本标准，到通过教学践行标准实现理论的实践化，再到形成诊断研究能力，在优化教学技能的同时提升教师研究素养。课堂教学切片诊断兼具实践与学术双重价值，是一种有前景的课堂教学诊断方法。

教学切片诊断可通过对一节完整课堂教学活动的观察，从而对课堂教学中某一典型教学设计活动进行具体分析，其本质是将课堂进行分解诊断。通过魏宏聚教授所带领的研究团队的长期摸索与改进，如今该方法可具体分为"两环节、三步骤"。环节一：观察并选取切点。选取切点是寻找一节课当中值得分析的教学活动片段，尤其是典型片段，属于课堂研究的观察阶段。其中，研究者可以从三个步骤入手：第一，研究者了解执教者的教学设计简表等相关信息，可熟悉课堂教学大概环境，以便有针对性地进行课堂观察和信息记录。第二，进行现场选取，即需要在田野观察的过程中，寻找并记录值得分析的典型教学设计片段并做出简要描述（如切片发生的时间、时长、典型之处等），这可以为后续的录像切片分析做准备。第三，录像选取，通过录像观察，可以发现遗漏信息，从而为切点的选取进行补充完善，同属于初次切片。其中，典型片段涉及优秀和不足两种情形。优秀典型片段指的是优秀的教学设计活动，可以说是教师优秀实践经验的外在表现，这些优秀经验可以通过研究者的分析、归纳与提升从而形成具有很强的操作性和实践性的理论，可帮助执教者将其无意识的经验转为有意识的经验，从而进一步强化自身技能。另外，这些优秀经验由个人知识转化为公共知识，可为更多其他教师提供借鉴。而研究不足的典型片段同样具备普遍意义，它能够帮助研究者更有针对性地找出这类教学设计的典型"问题"，从而有效地提升执教者的教学设计素质，同时能够对其他教师产生较为深刻的警醒，为其寻求到合适的发展路径。环节二：切片分析及应用。结合定性与定量两种不同的研究方式，在此基础上对所得典型片段进行分析，并归纳、提炼其中的典型教学经验，具体步骤如下。

（1）定性，即要求研究者判断出该典型教学设计活动属于何种教学设计，即将个案上升到一般意义，打破"就课说课"的局面。其中，定性有三个层次：归结为某节课的某教学设计；归结为某学科的某类教学设计；去学科化一般意义的教学设计。

（2）归纳，即评价者根据自身的经验，同时结合相关文献，总结、归纳出该教学设计的教学功能和操作特点，为后期分析工作的开展找到研究标准，教师可在此阶段主动学习并丰富自身理论知识，提升研究素养，促进专业化发展。

（3）对照、完善、丰富，最终形成操作规律。对照是指依据所归纳的标准分析典型切片，需要从两个视角入手：视角一，分析优秀教学设计及不足教学设计的教学效果或功能。视角二，研究教学操作的行为规范。其中会出现三种情况，即教师的实践操作完全符合预设的诊断标准，就说明教师的行为合乎规范，印证了规律；教师的实践操作不符合预设的诊断标准，即属于违背规律；教师的操作超越了预设的诊断标准，此时研究者就可根据教师行为进行优秀经验的总结，进而完善该教学设计的理想教学功能及操作要求，丰富该预设的教学设计规律，最终生成某类设计的新的教学设计规律。

根据上述步骤，可知教学切片诊断在操作过程中应特别注意三个方面：第一，诊断必须忠于课堂，寻找课堂中真实存在的典型教学设计活动；第二，诊断需要"脱离"课堂，此脱离非彼脱离，而是要摆脱"就课说课"的模式，实现一般意义的提升；第三，诊断需要优化课堂，而最后的落脚点在于实现对教学规律、教学效果的归纳与总结，最终形成具备普适性的教育理论。

三、课堂教学切片诊断实施原则

第一，基于标准。教学切片诊断是科学性的体现，一般的课堂观察缺乏评判标准，结论受观察者个体性因素影响主观性强，观察客观性和科学性难以保证。教学切片诊断是基于标准的，映照标准对观察结论做出全面性评价。其评判标准来源于文献支撑与教学实践经验的归纳融合，是具有可操作性的标准。就生成过程而言，观察者在个人视角感性领悟的基础上采取理性分析，有助于克服经验主义评课弊端，推动教师主动寻求专业发展。从标准生成结果而言，通过归纳与提炼这些标准可整合为操作性理论，不仅能作为观察者诊断的依据，同时也可以作为教学设计的标准。基于标准的教学切片诊断弥补了传统定性观察去专业化的不足，保证了观察的科学性与实践性，使结论解释有理有据，贴近教育真实。

第二，基于反思。反思是决定课堂观察质量的关键，基于反思的教学切片诊断要求反思不但要贯穿整个观察过程，还要求必须是全员性反思。一方面，反思贯穿全过程，即课堂观察前、中、后皆存有反思。观察前反思要求对所预设的教学设计做出反思，思考每一环节教学设计的合理性；观察中反思要捕捉即时性的教学事件，反思生成事件的处理方式、原因等；观察后的反思主要从品味教学现象上升至对现象背后本质规律的探索分析。另一方面，反思要求观察者与被观察者均参与反思。被观察者反思能增进对个人教学行为的深度认识，观察者的反思既能借鉴他人之长处弥补个人不足，又能提升个人分析研究问题的能力。

第三，基于事实。教学切片诊断研究对象是常态的教学现场，为聚焦典型的教学事实，切片诊断特结合了录像技术，全息化保留课堂教学影像。诊断时可呈现相应的典型切片佐证诊断结论，确保诊断聚焦教学事实，避免了单纯说理的散漫空洞、自我本位等弊端，体现视频与理论结合的科学性。

第四，基于校本。校本研究以学校为基础，以教师为研究者，是中小学惯用的研究方式。教学切片诊断兼具科学性与实用性，是用以开展校本教研的可行手段，它以教学设计为研究主线，为校本研究提供了多样研究维度，包括：以课堂为单元线索的研究，以某种教学设计为单元线索的横向诊断，以某一教师的优秀教学技能为单元线索的纵向研究。研究者可根据研究需求自主选择，实现校级高质量的课堂研究。

四、课堂教学切片诊断价值取向

首先，提升教学有效性。切片诊断一方面提炼优秀教学经验，为教师提供实用性指导；另一方面纠正优化教学设计，警示教师避免同类失误并提供改进策略，致力优化教师教学设计能力。从优化教学实效入手，最终促进教学有效性的提升。

其次，促进教师专业发展。教育家波斯纳认为"教师的成长=经验+反思"，切片诊断主要通过提升教师课堂观察、反思能力及优化教师教学设计能力，从而丰富教师优秀教学经验，改善实践教学，实现教师专业成长。

最后，创设教研文化。切片诊断通过教研合作体间的理解与分享，形成开放、合作的教研文化，同时它还蕴含着团体校本教研价值。团体校本教研是以学科或学校为基本单位，大范围开展的教研活动。教研的视角不再受限于单元课堂，更提供了教师个体持续性研究视角及教学设计视角。通过对比多位教师、多节课的同种教学设计，生成更为全面的教学设计理论，指导教学实践。从学科角度而言，丰富了可操作性的教学规律；从学校角度而言，教研成果在校内及校际交流间得以传播分享，促进区域乃至县内教研文化发展。课堂教学切片诊断则以提升课堂有效性、促进教师专业发展及创设教研文化为价值取向。

五、课堂教学切片诊断性质特征

教学切片诊断是一种结合定性与定量观察优势的课堂观察模式，避免了定量观察中碎片化观察割裂课堂、工具依赖的弊端，为观察者提供了自由、开放的观察视角。并且强调观察基于标准，又摆脱了定性观察主观性的弊端，但总体上看切片诊断受定性观察的影响更为深刻。定性观察是一种基于诠释学的方法，强调对事件或行为进行深入细致的描述，并且解释行为背后的意蕴。因此观察记录的方式多以文字形式呈现，如田野笔记、图式记录和工艺学记录，教学切片诊断的记录方式极具定性观察的特征。

教学切片诊断也借助定性观察中的工艺学方式，通过音像设备对教学现场进行了永久性的记录。通过录像技术，能全息化保留课堂教学影像，突破了纯粹的纸笔记录的有限性。形成的录像片段可随时观摩，为观察者研究教学微观层面的问题提供了可靠、真实的证据，其中的优秀录像片段经过后期处理可形成数字化合集以供人观摩学习。工艺学的辅助使教学微观问题得以深入研究，但在选择、剪辑等后期处理录像的环节对观察者提出技术要求，观察者能否依据观察目的适当地对录像内容进行取舍，与观察有效性密切相关。

切片诊断资料分析时也多采用解释归纳法，细致地梳理出典型切点下事件的详细过程，配合所截取的教学录像，明晰地解释代表性教学行为片段的优、劣。一般的解释性评课被认为是纯经验式，但切片诊断是基于标准的，参照标准对观察结论做全面性评价，更为科学。切片诊断比一般评课更为深刻的地方是其对教学经验的归纳，能形成普适性的实践性知识，对教师发展极具益处。

教学切片诊断的观察视角具有开放性，不受预设的限制，通过田野笔记能呈现事件的连续性发展，可捕捉有价值的教学事件。切片诊断中观察者即为观察工具，无须繁杂的训练。分析资料时采用解释性方式，不必通过复杂的统计学做推论。但切片诊断的资料文字量大，从中剥离出切入研究主题的关键要素需要观察者具备一定的理论素养。尤其是切片诊断的操作方式为分析归纳法，对研究者的研究素养提出了一定要求。若研究素养欠缺，会致使诊断流程粗浅化，降低研究深度。

六、教学切片诊断的意蕴

课堂教学切片诊断的最初概念即"基于教学视频的教学技能训练"，是针对教师的培训，是提升教师教学能力水平的方法。与之类似，微格教学是利用现代化教学技术手段分析视频而对教师进行培训的教学方法，主要步骤是：首先将参加培训的学员（在职教师）分成若干小组，接着在专业教师的理论指引下，每位学员分别进行4～5分钟的微格教学，在此过程中需要借助录像机将教学实况拍摄下来，教师组织并指导小组成员共同反复观察所录制的教学视频材料，并对此进行讨论和评议，最终由指导教师进行小结。微格诊断是在微格教学的基础上提出的，与之类似，课堂教学切片诊断指的是利用现代教育技术的优点，通过录像把完整的课堂教学过程录制下来，对此教学进行细致入微的分析。这种诊断方法的特点是能回放、暂停，使教学中的优劣情况都能得以呈现，从而引发全体教师的关注和反思。该方法目的在于提升教师的教学技能、教学技巧，从而实现教师整体素质的提高，但是缺乏学员的理论提升和规律探索，仅以受教育者的身份接受指导教师的建议与安排。教学切片诊断在此基础上丰富并完善了微格训练。

七、教学切片诊断的特点

（一）基于视频：全息录影固化现场，改造微格训练

课堂研究的实践品性要求教学切片诊断必须以课堂实践中的事实或问题为导向，课堂作为实体"场域"是固定不变的，但是其课堂教学活动却是丰富多彩的，在正常的课堂研究中，需要教师的实践参与，但仅要求研究者进入活动场域当中是远远不够的，提供清晰有效的课堂视频是极为必要的。教学切片诊断充分利用了视频分析的优势，确保研究信息的客观性与科学性，通过固化教学现场，清晰直观地重现教学场景，帮助教师进行分析诊断。

首先，视频录制真实生动，是对课堂教学的直接反应，录像所展示的是一个完整的课堂教学，其优缺点毫无遮掩地暴露在公众视野中。

其次，视频让观察信息可复现。在实际评课中，仅仅依靠教师的短时

记忆获取信息是远远不够的，并且会由于时间的紧迫性导致错误记忆的发生，加之课堂教学过程的不可逆性，不仅无法保证其完整性，同时也无法检验其信息记录的正确性。如新的可能性事件的突然发生，可能会导致研究者在现场出现应对不及的现象。比如有老师直接点出："老师的课一直在进行，听课老师一思考，就很容易听不到上课老师之后讲的东西了，等下课了更回忆不起来，到最后评价的时候顶多说一个小点。但是，有录像就可以反复看，那种效果是不一样的。"

最后，实现了执教者本人"照镜子"的功效。有老师笑言："听课的时候觉得没什么，但是看视频的时候问题就都出来了，要是自己看自己，肯定更明显。"这对教师的成长有着更加显著的激励作用。基于此，教学切片诊断同样可以看作微格训练的改造。微格训练同样是利用教学视频对教师进行培训，但是，微格训练是由专家预设研究主题，要求教师根据专家的要求设计教学片段并进行实践，通过专家反复建议、教师持续改善，在此过程中不断提升教师的教学能力。除此之外，微格训练对设备要求较高，目前在中小学的推广有限。而教学切片诊断正是对微格训练的改造，由教师在自身的常态教学录像中主动发现问题，激发教师的研究意识，锻炼教师的研究能力，并且减轻了教师的工作负担，其实践性和推广性得以大大增强。在研究成本方面，教学切片诊断同样保证了研究工具的实践性与操作性，易于中小学教师接受并使用。

（二）研究方法：基于切片诊断进行定性和定量分析

在小学语文课堂教学研究中，基于研究方法的不同，从收集事实材料的方式以及事实材料的属性出发，主要可分为定量研究与定性研究两种途径。定量研究尤为强调客观、科学，结果通常为较规范的数据记录。定性研究更为常见的是用一些描述性与评价性的文字记录现场感受和领悟，能够描述并还原课堂真实面貌，信息记录的过程相对灵活，有根据研究需要在观察现场直接得出的，也有的在研究者观察后凭借自身回忆从而增加追溯性补充和完善，但缺点则是主观性强且完整性差。并且，观察者自身能力的差异对最终资料信息的记录与呈现起着关键性作用。倘若研究者并不具备相应的理论水平和研究能力，则不能保证研究结果的成效。毋庸置疑，无论是定性研究还是定量研究，都有着各自的优势和缺陷，在课堂研究过程中万不可持非此即彼的态度，极端地采用一种方法必然是会遭受争议的，能够在各自合适的范围内灵活地综合运用这两种方法，是当前课堂研究的主流趋势，二者相互结合有助于研究者发现并获得更为广泛、细致、准确的研究成果。

教学切片诊断主要是采取田野记录及录像观察的方式进行课堂信息的记录与分析，在研究工作开展初期，研究者需要走进课堂，通过现场观察、描述、判断并解释等步骤获取原始资料，进行对"现场切点"的初步寻找，此时采集价值的信息行为类属于定性观察，而田野观察记录所选取的典型的教学行为可以为录像观察提供切点定位，研究者可以根据录像反复进行细致诊断，在此过程中可以根据研究所需采取定量统计或定性分析，其研究结果既有来自数据的定量分析，又有来自经验的定性解读，反映课堂的真实现象，全面诊断某一堂课。其目的在于试图在诊断过程中互相弥补两种研究方法的不足，以期取得课堂诊断的最佳效果，使课堂研究呈现出实践活力和理论深蕴。

（三）研究过程：诊断基于"标准"，操作程序科学化

研究者在进行课堂诊断时，是依据一定标准对教学实际情况进行比较和评判的。传统课堂诊断低效的一个主要原因就是诊断无标准。对此，结合访谈结果，可以细分为以下两种情况：其一，不敢说。正如教师A所言："每个人都有每个人的看法，你觉得不对，但别人不一定这么觉得，说出来面子上不好看，基本上都是夸一夸就结束了。"此类现象尤为频繁，究其原因，是受传统儒家思想影响所导致的，是中国人固有的文化性格使然，然而在诊断中的"含蓄"万不可取。其二，不会说。不会说表现在两个方面，一种情况是"看不出来"。正如教师B所说："不知道说什么，觉得这课上得挺好啊，也没有觉得哪有问题。"这是因为教师缺乏问题的敏感性，训练较少，自身能力有限。另一种情况是"看出来了"，但是语言组织不好，说服力不够。就像教师C所说的："其实我看出来了哪儿不好，我也指出来了，不过上课老师并不是很接受我的观点，下次你去听他的课，还是原来的毛病。"归根究底，还是教师不会说。当有了标准，教师就有法可循，可以根据标准进行对照分析，可以有效避免"不敢说"和"不会说"这两种情况。

教学切片诊断并不是无意识的揣测，更不是基于教师自身经验的随意指点，而是基于标准，依据教学设计的原则和规律进行的课堂诊断分析。然而所谓标准，必须是在特定的空间和时间范围内才能保证其正确性的。没有万能的标准，"教学有法、教无定法、贵在得法"，同样适用于诊断标准的选取上。诊断是有标准可循的，但并没有不变的标准，关键在于教师需要根据实际教学情况、结合自身经验从而归纳出符合当下课堂的标准。教学切片诊断的标准，正是不断发展中的标准。标准的寻找、对照、分析、完善、归纳、提炼的过程，保证了诊断结果的专业化，同时此过程正是深度课堂研究的主要表现。

（四）研究结果：归纳教学经验，实现经验概念化

"在某学校语文习作评课活动中，专家特别指出：教师应该有完整的板书。尽管该教师在整节课讲的内容不少，但他写在黑板上的板书却很少。然而实际情况是该班学生的习作能力已经完全达到了教学目标要求，能够及时进行课堂记录并具备良好的笔记能力和习惯，对教学内容的记录完整、清晰。在这种情况下，教师认为如果执意去追求板书的完整性，其实就是课堂实际的浪费，使得有限的课堂教学时间更加紧张。"在上述案例当中，可以清晰地看出一点，在实际课堂教学活动中，专家的话语不一定是硬道理，教师的经验其实具备重要的实践意义，教学经验可以在无形之中引导甚至支配着教师的教学行为，起着检验"形而上学"教学理论的作用。教学经验是一线教师全部智慧的结晶，具有很强的实践操作性，因此应当重视教师经验并进行应用。在现象学中，经验具有一定的优先性，教育学可以看作一门经验科学，其主要关注教学以及教育过程中的主体性经验和意义体验，然而，主体的经验很难被研究者进行直接观察，并且经验也无法在视频数据中直接显示。

因此，如何让经验具有发展意义成为关键所在。教学经验的概念化指的正是对教师教学行为背后所蕴含的典型经验进行归纳与提炼，使得隐藏于自身行为背后的教学经验显性化，帮助其典型个体知识公共化，使所获得的零散教学经验系统化，从而生成具有强烈实践性、专业性及科学性的教学理论。教学经验概念化的路径首先要求研究者应当主动走进教学行为发生的场所，即教学现场。教学切片诊断通过深入课堂，走进田野，寻找并发现那些蕴含教学经验的教学行为。与此同时，充分认识到了教师经验的地位与作用。教学切片诊断的过程就是教师教学经验总结、归纳与提炼的过程，是帮助教师教学经验实现概念化的过程，最终可形成具有科学性的教学理论、专业化的教学设计规律，进一步提高课堂诊断实效，帮助教师专业成长，并丰富现有理论成果。

八、教学切片诊断的要素

（一）共同体

教师切片诊断合作体课堂研究的主体应当包括专业的理论研究者和实践工作者，具体而言，教学切片诊断作为课堂研究，其合作共同体的构成应当包括专家学者以及一线教师群体，其中涉及教研人员，乃至执教者本人。要想实现由一般教师向研究型教师、专家型教师的发展，专家的引领和指导是必备的重要条件，其实质是利用专家的理论与经验对实践工作者进行指导，与实践进行深度对话，重建理论与实践的关系。这是因为当前中小学教师群体普遍缺乏研究能力和研究意识，以理论工作者和一线教师共同参与的合作体为现今课堂教学研究的常态，但理论工作者往往发挥着决定性的作用。在教学切片诊断当中，理论工作者在教学切片诊断前期发挥着重要的引导作用，其重点在于对一线教师的培养和锻炼。当中小学教师具备诊断能力之时，理论工作者应充当合适的解释者和帮助者，最终，其研究主体应当是中小学教师自己。

同时，该合作体需满足以下三个条件：第一，合作人员应该具备共同的信念。从具体的角度出发，可以根据教学目标、教学任务设定教学计划，希望通过教学切片诊断检测课堂实现及任务目标的达成状况。同时，从无形的角度来看，研究者期望提升教师的责任意识、研究意识，以此逐步提升自身的专业能力。第二，该合作体具有共同问题域，即可探讨的内容，教学切片诊断问题域是指"切片"下的课堂教学环节。教学切片诊断以教师的教学设计作为分析对象，研究其在教学活动中应产生的功能和存在的现实问题，并归纳出该教学活动的一般规律。第三，合作体之间必须具备对话的基础，只有在平等交流的过程中，才能提出更加行之有效的解决方案。在教学切片诊断中，研究人员是作为完整的主体共同参与到研究活动当中的，其中体现着平等、交互共生的合作关系。

（二）软环境：教研文化

教研文化是指教师在教研活动中，以教师的集体性教学反思为基础、以彼此间的相互交流为手段所达成的具有共同意向的思想观念及行为方式的集合，其中，反思和交流是教研文化中的重中之重。通观当前中小学课堂教学研究，都具备一定的教研文化，其中共性在于都是以共同的研究信念为基点，为了学校、教师和学生的发展从而进行的有组织、有计划的文化行为，追求理想、求真务实、注重创新。随着社会对人主体生命价值的关注，以人为本、注重提升生命价值的文化同样备受关注。对教学切片诊断而言，最关键的应当是营造互助反思的教研文化，所追求的是一种团队文化和实践反思文化。教学切片诊断需要教师的参与研究，通过培养和提高教师切片诊断合作共同体的合作意识、合作精神和合作能力，有利于破除受个人主义束缚的教师文化，实现教师的共同参与，不仅为构建教师专业的学习共同体提供不竭的动力源泉，同时有助于塑造教师的积极心态，有利于教师个人成长意识的激发，在互助的文化氛围中取得课堂诊断的实质性进展，从而在真正意义上提升课堂实效，实现课堂教学的高效发展。而反思同样是开展教师教学研究的一大方式。

对教学切片诊断而言，反思文化不仅是听课教师对自己和他人的课堂教学整个过程与活动进行的思考，同时也是执教者本人的"镜面反思"。反思的三个阶段：首先，教师的"亲历性反思"，即自我的课堂观察冲击力大，印象更为深刻，由此能够主动"生成"改进欲望并获得"生成"策略；其次，"观察性反思"指的是教师对他人课堂教学行为的观察与分析，能够有效降低自身错误的发生率；最后，"反思中的反思"是指诊断者与执教者的双方交流，能从中获取新的有效信息。反思文化，有助于教学切片诊断方法的运用、调节和改进。

（三）研究对象：教学设计

教学切片诊断的研究对象是从情境下的个案到一般意义的教学设计。根据目标的达成状况，可以判断教学设计的有效性。在教学切片诊断中，研究教学设计正是依据标准的落实。教学切片诊断从教学设计的角度对教师的课堂教学行为进行针对性的分析研究，所值得分析的切点同样是教学中经典的教学设计片段，因此教学设计是该方法的主要研究对象，需要根据不同的教学现场从而选定不同的教学设计。在教学切片诊断的过程当中，第一步就是要进行"定性"，即需要摆脱传统"就课说课"的评课模式，实现从个案到一般的实质转变。因此，教师应能够从教学技能的角度研究课堂。教学是教师有目的地促进学生学习的一系列实践活动。教学切片诊断分析的对象是教学设计及实施环节，切片是零散化、相对独立的教学设计行为片段，从教学设计的角度，教学切片诊断意在归纳出典型片段中所蕴含的教师典型经验（即个人知识），最后生成关于某教学设计的操作性理论。而归纳出的典型经验既可以作为教师教学设计的理论依据，又可以作为教学设计诊断标准，从而修正、优化教师的课堂教学活动。

教学切片诊断是试图提高教师的教学设计能力，针对性地优化、改进执教者不足的教学设计活动，强化优秀的教学设计活动可以不断提升教师的教学设计能力。其中，教学切片诊断预设核心观测点（课堂核心教学设计主题）目前暂定十二项：前置性作业设计、教学目标预设与叙写、情境导入、教学目标呈现、有效提问、教学中生成事件的处理、小组合作的有效性、教学结构与教学线索、板书教学设计、教学过渡艺术、板书设计、结尾。

（四）资源载体：录像视频

人类最早是在社会科学界发现了视频作为数据来源的潜力。教学切片诊断将视频分析看作一种机构化、日常化的学术研究方法。随着信息时代的迅猛发展，摄像设备愈加数码化、便携化、低成本化，影像拍摄过程开始规范化、简易化，乃至后期的影像剪辑制作过程也越来越快捷化，众多教育研究将视频作为主要的数据来源，以分析微观、实时、具象的学习过程。教学切片诊断分析课堂信息的主要方法为田野记录和录像观察相结合，其中，教学切片的分析正是充分利用了课堂视频录像的优势，因此视频图像在教学切片诊断活动中占据着重要地位。

在录像观察中，所需工具可分为两类：一是必要的硬件设施，即录像机、电脑等电子设备，普通中小学校一般具备购置能力；二是电脑"软件"，比如视频剪辑、整合与转换软件，这些软件应用广泛，多为免费使用，且操作方法较为简单。值得注意的是，录像是全息化地记录下课堂教学中的所有信息，但切片诊断所分析的视频是含有典型的教学行为的片段，可以通过前期的田野记录进行相应筛选，也可以通过后期的录像观察发现研究切点。录像切片能够固化教学现场，教师可以对此进行反复细致的诊断，在此过程中可灵活运用定性诊断和定量统计两种研究方法，因此，录像视频是教学切片诊断的资源载体。

综上可知，教学切片诊断所研究的课堂视频需要满足一定可分析的条件：首先，必须来源于真实的课堂；其次，具备典型的教学案例（可分析的典型设计），有分析价值；最后，具备较强清晰度，可方便研究者的后期观察和反复利用，易于保存。

第四节　小学语文课堂视频案例切片式观察价值与意义

一、学术价值

（一）教学研究范式的变革

美国科学哲学、科学史学者托马斯·库恩为解释科学革命提出"范式"这一术语概念，并指出，所谓成熟科学的发展模式，是一种范式通过革命的形式进而向另一种范式的过渡。某一科学中的共同体选择几乎一致的思考方法来研究同一领域的特定问题，即可称为范式。在社会科学领域，包括对教育学而言，相互力量抗衡的范式共存在某种程度上可以看作一种自然的现象和发展趋于成熟的标志。而新范式的产生和认可必须满足两个条件：新范式的存在必须拥有解决一些用其他方式难以解决的著名且广为人知的问题的能力；新范式务必保留绝大多数科学通过原有范式所得到的解题能力，因此，新范式尽管很少或者从未拥有旧范式的所有能力，但通常保留了许多过去成就的最具体部分，并且总能容纳除此之外附加的具体问题的解。

教学切片诊断的产生不单单是作为课堂教学研究的新视角，更是新范式的体现。教学切片诊断使课堂教学研究从最初执着于"宏大叙述"转变为更看重课堂中的"日常叙述"，课堂研究的现实意义得以增强；又使课

61

堂观察从单一的诊断功能实现了多元化、专业化、综合化的提升，具备更强的研究性。教学切片诊断既保留了原有课堂研究的优良传统，确保了课堂诊断实效，又进一步完善了教师培训、校本研究等其他方面的内容，具备更强的解决问题的能力，对原有研究范式的存在产生了强有力的冲击。

更重要的是，教学切片诊断是基于中小学教研文化而开发的，是以中小学教师为研究主体。在传统教学研究范式当中，多以具备理论素养的专家学者或优秀教师作为活动的主导者，其活动开展一方面是基于理论工作者所制定的规范章程；另一方面则是依据成形的考核标准，试图最大限度保证研究的科学性，然而由于操作的烦琐性及困难性，导致其应用受限，实践性较差。而教学切片诊断作为研究的新范式，致力于改变这一现状，深入教研文化的需求与发展取向，其研究行为的开展是合理的、有效的，并在此基础上充分发挥教师的主体能动性，有助于研究的普及化、深入化、持久化。

（二）实践性理论的生成

在新课程改革的教育背景下，实践性理论的地位与日俱增。从教学实践角度来看，实践性教学理论是提升教学有效性、改善教学质量的"良方"，能够更加有针对性地解决实际问题，教学现场需要大量实践性教学理论的参与指导。从教学理论层面出发，实践性理论可以使学术性的教学理论进一步发挥现实作用，实现理论的价值功能。教学切片诊断可以促进实践性理论的生成，不仅在于创造新的教学理论，其研究过程更是一线教师进行实践性理论生产和创造的过程，并且能够利用创新理论推动课堂教学实践的真正变革。

实践性教学理论的生成大体可以分为两种路径：第一，创生。即归纳教师的个体教学经验，创造生成出新的实践性教学理论。第二，改造。即通过对当前现有的抽象理论研究，并结合教师的实践经验，使其成为实践性教学理论。在此过程中可以看出，实践性理论的产生基础条件即充分利用教师的个体经验。教学切片诊断研究促进了教学理论的创新，正是通过将教师的教学经验归纳提炼为个体实践性知识，实现经验的概念化，最终生成显性的教学设计理论。这些理论，一方面可以作为教师教学设计的依据，丰富了教师的理论知识，提升教学能力水平；另一方面又是教师诊断相同教学切片的依据与标准，提升了课堂研究的操作水平。不同于专家学者理论研究的晦涩，这种操作理论是自下而上由一线教师自主自发生成的，更加贴合教学实践一线，具备极强的可接受性、操作性乃至推广性。在教学切片诊断活动中，实践性理论的生成始终是一个动态发展的过程，教师从教学实践中归纳教学理论，最终又回馈到实践中去，接受实践的检验。其过程正是理论指导实践、实践又检验并完善理论的过程，形成了实践—理论—实践的循环提高模式。并且，教学切片诊断是根据不同教学设计归纳出各类操作规律，最终生成的操作性教学理论是成系统的、全面的。

（三）"教""学""研"合一

第一，实现教师专业发展，成为研究型教师。教学切片诊断可以帮助归纳优秀的教学经验，提升教师的教学设计能力，促进教师的专业化成长；教学切片诊断强调教师的归纳意识，而"教师成为研究者"已成为当今教育的热点，中小学课堂教学研究更具有迫切性与现实性。得力的、有经验的教师必须具备分析自身工作的能力，分析出现在工作中的各种教育现象，是教育智慧的体现。教师通过分析教学切片诊断的系列操作，可以培养研究课堂教学的意识与能力，促进自我的反思意识，即实现了有效的教学反思，最终有助于教师朝研究者身份转化。

第二，提升教学有效性。教学切片诊断可以对课堂中的教学细节、教师行为等有价值的教学信息进行深入的研究与分析，既可以帮助改进该节课，同时又可以形成操作规律对其他多节课进行理论指导。古德和布罗菲认为，教师能够通过课堂观察反馈来改进教学，这才是进行此活动的主要目的。传统课堂诊断仅凭借纸笔采集信息，无法固化教学情境，这会使得一些有用的教学信息流失，从而导致诊断证据的缺失，并且，传统课堂诊断基于经验，低效形式化，缺乏诊断标准而显得专业性不足。教学切片诊断解决了传统听评课的弊端，具有更强的操作性和科学性，通过针对性地发现、改进教师的课堂教学设计，解决课堂低效问题，最终实现教学的高效。

第三，改善传统教研方式与质量，实现校本研修。教学切片诊断开展教研活动，主要是通过研究小组在诊断教学切片时，促进教师通过自我反思并关注其他教师的课堂来发现教学问题、研究教育问题。在提升课堂研究质量的同时，实现校级专业化的课堂研究活动，并且通过对群体教学技能的训练，实现教师培训工作的完成，进一步促成教研活动的发生，从而变革中小学传统的教研方式。其实，教学切片诊断在替代传统课堂诊断的过程中，实际上就实现了教研活动变革的第一步，最终有利于基础教育的变革。

二、实践价值：团体校本研究

近年来，在基础教育课程改革的推动下，学校教育研究出现了一种新的范式，即"校本研究"，这是一场基于学校的研究活动，有学者认为校本研究是一种更加彻底的实践研究，是教育研究中非专业化浪潮的延续。其主要内容包括：其一，校本研究是基于学校的研究，学校是教育活动发生的主场地，因此，校本研究中所涉及的问题来源必须是跟学校紧密相关的教育现实问题；其二，校本研究是为了学校的研究，其研究工作的开展都必须是出于促进学校的发展这一根本目的，最终形成的是关乎学校自身发展和教师群体专业发展的研究；其三，校本研究是在学校中的研究，换言之，学校就是研究室，研究活动必须在学校中开展和进行，需要依靠学校中教师群体的自我意识觉醒、自我反思和自我研究。团体校本研究则是在校本研究的基础上通过学校或学科为单位而进行的大规模群体性教育研究活动。

（一）具备团体校本研究潜能的原因

其一，从研究内容来看，教学切片诊断不同于一般意义上的课堂观察，其主要研究不仅仅局限在对某一节课的诊断上，应具备多种研究视角，具体如下：①以完整课堂为单元线索进行一堂课的"切片"研究；②以某一教学设计为单元线索进行多节课的横向研究；③以某一教师的优秀教学技能进行纵向研究。其二，从研究方式来看，"课例研究""集体叙事"和"行动计划"在目前校本研究的实践中较为常见，教学切片诊断更倾向于"课例研究"，又称教例研究，是一种案例性的校本研究。现有的教学视频及后期研究成果可以作为课例集等材料加以推广。其三，从研究主体来看，该类研究方法属于群体性研究，脱离了个体研究的桎梏，可以用来作为教师的教学技能训练，利用一系列的教学诊断，从而提升教学技能，能够大范围地影响教师发展，最终实现团体校本研究，为学校发展注入更多新的力量。

（二）团体校本研究的组织方式

教学切片诊断影响下的团体校本研究，必须在教师群体对教学行为反思的过程中发现问题，以科研的办法解决问题、探索发展规律，根植校本沃土，实现二者的真正结合。主要结合教学切片诊断在小学语文教学中的实践情况，对团体校本研究的组织方式进行阐述。

第一，单位构成。学科组根据学科分类的不同，分别成立研究小组，以学科为单位，开展教学切片诊断活动研究。教学切片诊断可采用"领、带、放"的方式，即先由专家学者引领教师教研团队，通过专题培训让一线教师尽快系统掌握核心教学切片诊断方法；之后由团队成员带领合作学校教师开展课堂教学切片活动，形成常态化的校本教研方式；最后也最为关键的是，让一线教师掌握课堂教学切片诊断的方法，独立进行课堂教学切片研究活动。

在小学中，正是由专家引领从而实现了教师的自主研究，专家通过系统培训、专题讲座等方式对教学切片诊断进行介绍、展示与应用方法的教授。在此之后，该小学通过学科划分，构建小组合作，在教师观课议课之后，进行互动交流。以语文学科切片团队为例，根据教师个体所选取的典型切片点的不同，最终形成了十一个切片团队，其中，教师个体能够代表团队进行微报告展示，如某教师做了题为"善用评价艺术、点亮学生心中的明灯"的教学研究，对课堂教学中的有效评价这一教学设计进行了研究。在此过程中，教师充分培养和锻炼了课堂研究的意识与能力，提升了学科素养，实现了向研究型教师的转变。

第二，活动计划。团体校本研究是需要根据一定的计划安排进行系统开展的，这就需要对专家学者与教师的自主活动进行合理规划。其中，小学的研究规划主要内容如下：研究频率，与合作学校每月开展两次活动，其中，每月第一周观课、第四周切片诊断；研究主题主要是进行观课、切片诊断（专题培训）；研究方式分文、理两学科进行。其中，该校以每两周一次的频率开展活动，教师在第一周进行观课、诊断，在第三周进行汇报。首先，专家的培训是必不可少的，起着引导和规范教师研究活动的作用。其次，该过程更体现了教师从初期的观察诊断到后期的研究性活动的转变。换言之，教师不单单是对一节课进行课堂观察、课堂诊断，而是要在观察基础上能进行后续的研究分析，并最终形成研究报告，可以以"做报告"的形式展示所提炼的教学成果，这是教师主动进行研究性学习、提升研究素养的过程。并且，教师的诊断直至后期的汇报过程，不仅代表的是教师研究性活动的开展，更意味着教师摆脱了"就课说课"的模式，最终实现了校本研究的发展。再次，该组织方式同样是由教学切片诊断的研究特点所决定的，课堂教学中的核心教学设计是系统的、多样的，小学可以以月为单位持续开展活动，充分说明了研究的多样性、充分性，同时印证了该方法的实践性、长久性。最后值得一提的是，对大多数学校而言，在观课诊断活动中，课例的获得是以自然月为单位的，学科组可以根据实际情况选择上一到两节优质课，作为教学切片诊断的案例资源。教师可以根据已有课例进行相应的分析诊断。

值得注意的是，并不需要过多地安排上课。其一，为了降低教师的负担，减少其工作时间，保证其工作的高效性；其二，教学切片诊断是需要花费时间和精力反复观察教学情况后进行切片分析的，欲速则不达；其三，在实际操作中，确实存在着关于课例获得的误区，并不是上课越多，诊断越好，老师们应当注意教学切片诊断与案例的关系。

第三，成果的总结。专家学者、学科组教师与执教老师本人共同针对本节课的典型片段，根据已有诊断标准，按照教学切片诊断的基本步骤，进行教学切片诊断分析，最终老师们要形成PPT等形式的专题报告和案例分析文本，即形成相应的理论成果。正如之前小学教师所做的成果微报告，正是成果表现的一大形式。教师的研究摆脱了传统经验叙事的模板，多以论文形式展示了个人的研究成果和学术素养。教学切片诊断重视教学切片视频及其文本分析的数字化保存与积累，这有助于建立有关教学设计的教学视频资源数据库和案例分析的文本集（教师对教学录像观察与分析后进行规律总结），包括教师的教学反思等，这类相关材料不单单是作为教师研究成果的存在，更可以为后期教学切片诊断的进行提供实践指引，对执教者与其他教师的教学成长而言都是宝贵的学习资源，具有发展的可持续性和较强的普适性，有利于团体性研究的学习与开展，具有重要价值与意义。

第三章

小学语文
课堂视频案例切片式
观察流程分析

　　视频案例切片观察是一种教研手段，主要是针对课堂教学过程进行录像，然后进行切片观察。然而具体的观察与分析，与整个教学活动流程有着密切的关系，因此需要将小学语文教学流程融入进来进行考虑和分析。

第一节 设 计

一、单元教学策略设计分析

在新课改背景下，小学语文阅读教学的重要性日益凸显，基于此，部编版教材从三年级便安排了"阅读策略单元"，旨在引导学生通过阅读策略学习来提升阅读能力，进一步强化语文学习能力，实现语文学科核心素养培育目标。但对于一线教师来说，"阅读策略单元"教学既是一种机遇，更是一种挑战，如何高质量开展"阅读策略单元"教学是小学语文教师必须着手解决的问题之一，必须予以充分的重视。

（一）区分策略单元与普通单元的教学重点

策略单元与普通单元既有联系也有区别，在教学上有较大的差异，尤其是在内容和教学目标上有较大的差异。因此，为高效开展"阅读策略单元"教学，必须准确把握两者之间的关系，做到心中有数。总的来说，策略单元与普通单元之间的区别集中体现在以下三个方面。

1. "课前提示"有任务

以六年级上册第三单元的阅读教学为例，其在导读部分便对本单元的阅读教学目标做了具体论述，明确了阅读要素和表达要素，帮助学生明确了阅读的任务与目标。如在《竹节人》这一篇课文中，要求学生根据不同的任务来科学调整阅读方法，完成阅读任务。相比之下，普通单元只是在略读课文时安排"课前提示"，对于培养学生阅读能力关注度不足。因此，在"阅读策略单元"教学时，教师要对每一篇课文均给予充分的重视，确保每一篇课文均可以发挥出指导运用策略的作用，帮助学生"习得"阅读能力。在帮助学生充分利用阅读策略的内容与方法后，教师要为学生设计相应的训练内容，让学生带着问题去阅读。

2. 文本形式发生变化

策略单元所选取的文章均有其显著的特点，题材内容较为丰富，教学效果更佳。如六年级上册第三单元的《竹节人》是叙事类的散文，《故宫博物院》是群文性事物说明文，而《宇宙生命之谜》则是事理说明文，每一篇课文的语言风格、题材内容均有较大的差异，这与普通单元有着很大的差异，实际教学时的方法也有所不同。因此，在开展"阅读策略单元"教学时，教师要将教学目标、教学方法贯彻于教学的整个过程，按照题材内容来确定合理的教学方案，为学生营造更为真实的学习情境，比如可以创设"交流平台"，引导学生在课堂上对课文进行重点分析，逐步提升自己的阅读能力。

3. 教学思想发生转变

阅读教学是小学语文教学的核心组成部分，更是提升学生语文学习能力的重要手段。从三年级起，部编版教材分别设置了"预测""提问""阅读要有一定速度""有目的地阅读"四个独立性的"阅读策略单元"，要求引导学生掌握更多的阅读方法，不断提升学生阅读能力和品质。考虑到四个独立性的"阅读策略单元"之间有着循序渐进的关系，因而在开展教学时要对以往的教学思路做系统的改变和完善。对于低年级学生来说，教师要引导其学习一些简单性的阅读策略，对于中年级学生则要引导其学习一些基本且常用的阅读策略，而对于高年级学生来说，则要独立运用合适的阅读策略，可以根据不同题材的课文来选择阅读策略，一步步提升阅读能力，最终实现培养学生阅读策略的运用意识与能力。

（二）创新教学方式

科学合理的教学方式可以在很大程度上提升"阅读策略单元"的教学质量，新课改背景下进一步创新"阅读策略单元"教学方式显得尤为关键。

首先，教师要将感知方法作为教学的前提，引导学生快速阅读。如在部编版五年级上册《搭石》一文的教学时，教师可以借助多媒体设备来为学生显示"集中注意力默读"这一句话，告知学生在遇到不懂的词语时不要停下来，继续集中注意力来阅读课文。再如在《将相和》一文的教学时，教师可以先让学生默读课文，而后提出相应的问题，让学生带着问题去阅读，明确阅读目标与任务，逐步感知阅读方法，为后续的阅读学习奠定基础。

其次，教师要将实践方法作为教学的基础，根据课文内容来设置相应的实践教学方法。如在《搭石》一文的教学时，教师可以先为学生演示"集中注意力默读"的方法。再如在《将相和》一文的教学时，教师可以将游戏教学的思路引入课堂中来，让学生扮演课文中的人物，激发学生阅读兴趣，让阅读教学变得"动起来"和"活起来"。

最后，教师要将阅读教学方法贯穿于教学的始终，在不断实践中帮助学生养成良好的阅读能力。为有效实现举一反三的教学目标，教师可以适量加大学生的阅读量，根据学生的阅读兴趣和能力为其提供相应的阅读材料，帮助学生进一步提升阅读能力。如在学生学习完《将相和》一文后，教师可以指导学生去阅读《管鲍之交》。再如在学生学习完《什么比猎豹的速度更快》一文后，教师可以推荐学生去阅读《小行星来的大力士》《奇妙的克隆》等文章。

（三）培养学生有效阅读能力

提升学生阅读速度不能只对学生进行单纯的速度训练，还需要引导学生开展有效的阅读，帮助其在最短的时间内获取足量的信息。教师必须明确一点，要将阅读的诸多方法告知学生，引导学生读懂课文、悟透课文。实际开展课堂教学时，在快速阅读前，教师除让学生阅读课文外，还要叮嘱学生独立思考，即"通过阅读文章你了解到哪些知识？""通过阅读和理解课文，你有怎样的收获？"确保每一位学生在阅读过程中都有所收获，体验到阅读的成功感。除此之外，为更进一步提升学生的理解能力，教师可以为学生设置相应的课后习题，引导学生在课文阅读过程中领悟中心思想，更好地把控课文内容与主旨，提升思维能力。

（四）做好知识的前后关联和单元内部的融合

"阅读策略单元"教学内容在编排上高度重视知识的关联，单元内部也追求更好的融合。因此，在教学时教师要充分认识和把握这种关联，紧紧围绕"阅读策略单元"教学要求来制订教学计划，加强各个板块之间的联系，做到整合设计，以此确保学生在不断阅读学习过程中达到融会贯通，激发阅读积极性和主观能动性，培育阅读能力。如在学习《小兵张嘎》一文时，教师可以先将课文的开头部分节选出来，即"老天不负有心人，果然给小嘎子赶上一个机会……"教师引导学生进行独立思考，预测课文后续描写的内容。通过这样的训练，不仅可以锻炼学生快速阅读的能力，而且可以将"预测""提问""批注"等阅读方式紧密联系起来，必然可以提升学生的阅读效率与质量。

二、分层教学设计切片观察——以《白鹭》为例

教学目标：

1.熟悉课文当中的生字，能熟读课文。

2.通过课文内容、多媒体教学方式，播放有关白鹭的视频，帮助学生进一步对白鹭这种动物有深入的理解。

3.对课文有一定的理解，能够结合课文的中心句"白鹭实在是一首诗"阐述自己的理解。

过程与方法：

1. 培养学生自主学习、自主解决相关问题的能力。

2. 培养学生的认知能力。

情感态度与价值观：

让学生对白鹭这种动物有深入的理解，能够感受到白鹭的美，并且让学生学会爱护动物。

通过本篇课文与网络拓展资料，帮助学生进一步了解白鹭，激发学生对大自然的热爱。

教材内容及重点、难点的分析：

《白鹭》是新部编版教材中的一篇课文，这篇课文的作者是郭沫若，作者通过描述白鹭的外形，以及其生活习性，间接表达了对白鹭的喜爱之情。《白鹭》这篇课文虽然是以动物白鹭展开叙述，但同时也蕴含了对大自然的赞美。这是一篇学习观察和描述的好文章，能提高学生的审美，拓宽学生的知识面，激发学生对鸟类的喜爱和对大自然的热爱之情。

在这篇课文当中，重难点为作者的一句话："白鹭实在是一首诗，一首韵在骨子里的散文诗。"由于这篇课文大部分的内容都是在描述白鹭的外貌，而要让学生通过阅读这篇课文，理解和分析为何作者会如此喜爱白鹭，并且夸赞白鹭就是一首诗，无疑存在着一定的困难，需要学生从课文的一些语句和词语当中发现"端倪"，从而体会出作者对白鹭的喜爱。

三、切片观察学习者特征分析与分组情况

（一）学习者特征分析

（1）学生在经过小学阶段五年的学习后，已经具备了基本的识字阅读能力，并且能初步分析作文当中作者的思想。

（2）学生思维跳跃，课堂上敢于表现自己，且具备一定的自学能力。

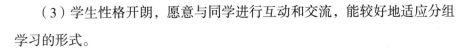

（3）学生性格开朗，愿意与同学进行互动和交流，能较好地适应分组学习的形式。

（二）学习者分组情况

分组的原则：本次的分组是基于分层教学法理念展开的，在分层教学法当中，强调了教师要重视因材施教，注重个性化教学。通过分层分组的形式，能够更加有针对性地展开教学，有效地照顾到每位学生。因此本次主要是根据学生的学习兴趣和学习能力来进行分组，分别为"进击组""稳健组"和"提升组"。其中，"进击组"的学生能力最好，以此类推，"提升组"的学生学习能力最弱，在教学目标设计上，"进击组"的是最难的。

四、学习策略及教学设计

本课程在教学实施当中，充分结合了分层教学理念与互联网技术，有机地把课内与课外知识进行了融合，在学生掌握本课文知识的前提下，再通过互联网让学生学习课外的相关资料，加深对课文的理解。在课程教学中，教师需要充分认识到自己的定位，在课堂上要不断淡化自己的影响，更多地让学生通过以小组为单位的方式展开自主学习，在小组内共同探讨问题并解决问题。

五、从教学设计角度思考切片观察教学过程

（一）课前导入，调动起学生的学习兴趣

1. 同学们在正式上课之前，老师给你们带来了一首非常出名的古诗，是唐朝著名诗人杜牧写的诗——

雪衣雪发青玉嘴，群捕鱼儿溪影中……（教师范读）

2. 调动兴趣：大家知道这首诗讲的是什么内容吗？可以试着说一下。其实，这首诗描述的是一种动物，这种动物不只杜牧写过，大作家也写过。

而这个动物也是今天我们要学的动物，有同学能猜到这是什么动物吗？

3. 解开谜题，引入教学：其实这个动物就是白鹭，为什么这么多的诗人、作者都喜欢白鹭，并且都通过诗歌、散文等形式来歌颂白鹭？它的独特之处到底在哪？今天就让我们一起来深入学习一下。

（二）分层学习、协作交流

1. 制定各组的学习主题

项目	进击组	稳健组	提升组
学习目标	1.通读课文，熟读每个生字	1.通读课文，熟读每个生字	1.通读课文，熟读每个生字
	2.试着分析作者为何说"白鹭实在是一首诗"	2.结合网上收集的资料，了解有关描写白鹭的文章	2.熟读课文，试着用自己的话描述一遍白鹭的外貌特点

2. 分层学习

各小组在知晓了本组的学习目标之后，小组内成员展开学习与讨论，并且最终形成相关文字报告。

（三）分层汇报

谁来说一说白鹭都有什么特点？

提升组上来进行汇报。

出示幻灯：

（1）看一下这些白鹭的形态，它们或站着，或在空中飞着。

A. 它们的身体颜色都是一样的吗？身体的各个部位有什么特点？

B. 看完这些图片，哪个同学来发表一下自己的看法？

C. 白鹭平时有什么生活习惯？学生进行交流，然后积极回答。

D. 进一步对白鹭深入了解。

接下来请稳健组的学生，结合收集的资料，分析一下都有哪些名人写过有关白鹭的文章。

（2）出示幻灯片：把不同名人描写白鹭的文章展示出来。不同的人在描写白鹭的时候，都有什么不同的地方？

（3）小组进行讨论并回答问题。

最后，让进击组的学生上台分析作者为何说"白鹭实在是一首诗"，以此作为本次课程的核心，最终把教学拉回到课文当中。

（四）拓展延伸

1.同学们可以互相讨论一下，除了白鹭，在生活当中你们还见过什么动物，哪种是你们最喜欢的？尝试描述一下它的外貌特点，还有你为什么喜欢这种动物？

2.同学们如果想要和自己喜欢的动物一直在一起，大家说是不是要保护好我们的环境？要爱护好小动物，这样它们才愿意一直陪着我们。

第二节　上　课

在新课改背景下，小学时期的语文教学应当把儿童学习以及发展当作主体，教师需要按照儿童身心发展具体特征和学科特征来开展教学，鼓励儿童进行自主阅读，并且在教学当中对儿童问题意识进行充分激发，对其个体需要进行关注，提倡探究、合作以及自主形式的学习模式。在以往的阅读教学期间，语文教师所提问题较为单一，通常将自身思维以及想法强加给儿童。如今，如何提升小学时期阅读教学整体效率，是现阶段教师需要深入思考以及探究的课题。

一、阅读教学当中的问题

（一）儿童思想多元，且思考角度存在偏差

伴随社会逐渐发展，各类信息的传播速度不断加快，儿童由于年龄尚小以及心理发育不成熟，十分容易遭受外界影响，其对语文当中的阅读信息还缺少筛选以及判断的能力，致使其很容易产生一些错误认知，逐渐产生自以为是的种种想法。儿童之所以会产生上述想法，主要是因为儿童缺乏对社会的全面认知，其更加相信自身想法，进而在课堂之上很难投入，使其逐渐疏离语文教师以及课堂，这对教学和谐造成较大影响。如此一来，就在无形之中出现了儿童自我行为与常规做法间的差距，这给阅读教育造成了较大影响。

（二）课堂缺少互动，教师与儿童并未建立起高效交流桥梁

对儿童以及语文教师来说，提问互动具有较强时效性。第一，阅读教学期间，语文教师及时与儿童进行沟通交流，此种方式能够实现教育目的。第二，儿童同样需要在和语文教师进行沟通交流时对自身疑问进行解决，不断提高自身对课文的整体认知。所以，沟通交流属于教育活动当中不可或缺的环节，同时，这也是促使阅读教学顺利开展的一种重要方式。然而，进行课堂提问期间，因为语文教师与儿童存在较大心理差距以及年龄差距，致使双方沟通并不畅通，这对师生关系造成一些不良影响。总之，在阅读教学期间，提问活动属于重要的催化剂，可以促使阅读教学整体效率以及效果不断提高。

二、教学提问的优化策略

（一）对儿童个体需求加以关注，提高提问精度

如今，在小学时期阅读教学当中，若想对教学体系进行优化，语文教师必须对儿童的个体需求加以充分尊重，并且进行教学指导以及在教学提问期间，不断提高提问精度。在教育体系当中，对以生为本这一理念加以切实落实，现代教育着重强调教学具有的个性化以及针对性，以往"一刀切"的提问模式以及体系早已无法在现代教学中发挥作用。针对小学时期的阅读知识，多数儿童都拥有自身的理解，并且在对知识体系加以构建期间，同样存在着不同方法以及角度。语文教师需对儿童具有的这种差异加以尊重，结合儿童差异提出一些具有个性化的问题，并且着重引导儿童，激发儿童探索以及思索的精神动力。教学期间，语文教师需从探索精神、实践能力、学习能力以及基础知识这些方面着手，对科学以及全面的课堂问题进行设计，这样能够激发儿童思考能力，提高其学习动力。针对此种指导以及提问模式，语文教师需花费更多精力。因此，对其个人素质整体的要求也提高很多。以往灌输形式的阅读

教学早已无法适应现代教育的整体发展，所以需要语文教师进行深入探索。例如，在进行《伊索寓言》教学期间，对于寓言内涵，很多儿童有着不同的认识。此时，语文教师需对提问进行优化，充分引导儿童进行积极探索，并且对预言具有的内涵加以分析，以此来提高儿童的阅读能力。

（二）提高教师的提问能力，对班本课程加以充分利用

实际上，班本课程属于一项把儿童当作主体，按照不同儿童具有的特征开发具备班级特色的课程。而语文教师只有具备一定能力，这样才能开创出更好的班本课程。比如，儿童对于客观世界以及自身认知尚不完善，语文教师可设计相应的班本课程以及问题，对课程题目进行优化设计，通过设定题目以及情境来让儿童主动参与进来，促使其对自身意见进行充分表达，引导其从小就树立起正确的思想以及行为。同时，教会儿童要做一个尊重他人、懂得知识、懂礼貌的好学生，使得树立的主题可以直达儿童内心。语文教师在对阅读具有的重要性加以强调的同时，还需引导儿童不断积累提问素材，通过阅读教学能够让儿童增长知识，并且开阔眼界。然而，儿童年龄较小，无法对文本内容进行深入理解，需要其把周围事物和阅读进行结合，这样才能对阅读乐趣进行体会以及发现。例如，在进行《大自然的启示》教学期间，语文教师可按照教材内容进行有关自然界方面的延展阅读。进行提问之时，语文教师可设计不同的教学活动，如教师可组织儿童到户外进行活动，引导儿童对一些自然现象进行观察，如观察昆虫、鸟、花草以及阳光这些自然事物，之后将儿童带回教室之中，开展把大自然当作主题的阅读活动，让儿童把自身体验与文章相结合，进而触动儿童的感知神经，帮助其对课文内容进行理解。

（三）影响教学提问的因素

1. 提问时间

提问可以在教学过程中的任何时刻进行，但绝不意味着任何时候提问都有相同的效果，也就是说，教师要善于把握最佳时机。

2. 提问对象

提问对象要包括全部的学生，应该照顾所有学生的需要，引发所有学生去思考，而不是只以学习成绩好的同学为对象。对教师来说，教室里不应该出现"被遗忘的角落"，每一个学生都应该得到老师的教诲。

3. 答案评价

每次提问后，教师应对学生的答案及时进行总结，合理地指出其亮点或不足，复述并做简单点评，以照顾到普通学生的接受能力；或请其他同学总结答案，以加深学生对问题的理解。

（四）教学提问的经验与策略

作为引导者，教师在课堂提问中应注意以下几个方面。

（1）根据学生的年级、年龄特点、学习基础而设问。

（2）问题要明确。教师在设计问题时必须考虑到本篇课文教学的重点和难点，然后围绕着如何使学生把握重点、突破难点来设计提问的角度、问题的数量和难度等。

（3）态度要平等。不要训导式提问，也不要压迫式提问，而是采用平等交流姿态提问。

上面谈的是提问前的准备和提问过程中的问题。教师既然提问了，学生就会回答，但不是学生一回答事情就完了。

首先是肯定成绩。全对的，就应肯定全部；部分对的，应肯定其对的部分；即使错了，如果其考虑有一定的道理，也应局部加以肯定。如果学生的回答不但正确，而且超过教师设想的程度或者体现出一定的创造性，则更要大力赞扬。

其次是纠正错误。学生在回答中有概念模糊的或明显的错误，教师要十分注意，不可随便放过，而要加以订正。如将字词读错了，教师可将正误的字词写出来，让全体学生辨别区分，以获得鲜明深刻的印象。

最后是补充提高。学生随机回答往往不全面。学生回答完之后，必要时教师可做补充、提高。如"骄傲"一词，学生答是"自以为了不起，看不起别人"之意。但这不够全面。教师又出示这样两句话："我为生在如此强大的祖国而感到骄傲""四大发明是中华民族的骄傲"。学生讨论后自然引出"骄傲"一词还包含有"自豪""值得自豪的人或事物"两个意思。

三、信息化教学的有效方法

信息化时代，人们学习的渠道被极大地拓宽，小学教师自身的信息化水平也呈现多元化的特点。有些教师虽然没有接受过系统的教育，但是自己在教学过程中摸索了多种信息化教学的有效方法，并通过网络进行了多元化学习，所以自身信息化教学水平已经比较高。还有一些教师本身持比较传统的教学思路，在教学过程中不善于接受一些新的思维和方式，所以他们的信息化教学能力不是很强。在对教师进行信息化培训之前，学校需要先对教师的信息化教学水平进行有效的摸底排查，并结合教师的具体情况进行系统培训，分层引导，让一些信息化教学能力比较强的教师与信息化教学能力较低的教师组成帮扶小组，先进行一些基础层面的辅导，然后带动教师实现全面进步。

（一）借助信息技术来引发学生学习语文的兴致

在当前的小学语文教学当中，部分教师受固有思维的影响，在授课过程中过于强调学生对语文知识的学习，因而忽视了对学生学习语文知识的兴致和语文意识的启发，进而导致学生虽然在课堂中投入了太多的精力来学习，但是语文素养的提升收效甚微。面对这种情况，教师在组织开展小学语文教学工作中，既要对信息技术在教学中的应用予以重视，又要借助信息技术来引发学生学习语文知识的兴致和动力。

例如，在《守株待兔》一课的教学当中，起初，教师可以利用课件给学生出示这样一个图片情境：一片绿油油的田地旁，一名农夫正靠在一棵树桩旁休息，树桩旁边还有一只死了的兔子，并让学生根据图片上的内容来简要讲述一下这个故事。随后，教师可以带领学生去仔细阅读并了解该故事的大概内容，并提出"谁在守株待兔""他为什么要守株待兔""他是怎样等待的"等问题，让学生通过阅读故事来找出这些问题的答案。最后，教师还可以给学生出示《守株待兔》这一动画短片，从而加深学生对《守株待兔》一课的认知。

（二）借助信息技术来提高学生课堂学习的成效

信息化的教学模式与传统的教学模式相比较，其最大的区别在于它可以将一些晦涩难懂的知识点以简单易懂的形式呈现给学生，进而方便学生对知识点的学习和掌握。为此，教师在组织开展小学语文教学工作中，可以借助信息技术的特点，将教材当中一些重点和难点知识进行归纳与整理，从而让学生学习起来更加容易。

例如，在《燕子》一课的教学当中，起初，教师可以播放《小燕子》这首歌曲，并以此来询问学生歌词当中所歌唱的鸟是什么鸟，通过学生的回答，进而引入本节课的学习。随后，教师可以把本节课当中的一些重要内容，如赶集、聚拢、增添、掠过、稻田、尾尖、偶尔等一些重点词语以及文章当中一些描写燕子和春天的语句等内容制作成PPT，利用PPT课件的优势对这些内容予以整理和归纳，并以简单、易懂的形式呈现给学生。最后，教师还可以根据学生对本节课的认知，给学生出示有关燕子的视频素材，并让学生在观赏的过程中将自己眼中的燕子画下来，并在课堂上进行展示。

（三）借助信息技术的优势丰富学生的课余生活

信息技术与传统授课模式的一大区别在于其资源的交互性和丰富性。借助信息技术，教师可以查阅并借鉴除教材以外的教学资源，从而对自身的教学模式方法和理念进行革新与优化，提高教学的成效。为此教师在组织开展小学幼儿教学工作中，应该借助信息技术的资源优势，来收集并整理一些对学生有益的学习内容，并以此来丰富学生的课余生活。

仍以《守株待兔》一课为例，教师除了进行必要的课堂教学之外，还可以组织学生展开一场"你讲我听"的故事会活动。在本次活动当中，教师可以利用多媒体课件将学生把要在故事会当中所讲的故事进行记录，并加以整理。随后，由学生依次上讲台来讲述自己的故事，并由教师利用课件以文字的形式加以阐述和说明。

四、课堂教学氛围的营造

（一）借助信息技术，营造轻松课堂教学氛围

消极枯燥的教学环境通常会导致学生学习积极性大幅下降，进而阻碍学生实现预期的学习目标。鉴于此，在平时的教学过程中，小学语文教师就可以充分借助信息技术力量，营造轻松课堂教学氛围，促进学生学习积极性提高。

例如，平时课堂上组织学生们学习《猫》这一课内容的时候，我在多个环节都应用了信息技术教学手段，只为更好地完成既定教学任务。具体如下：在课堂一开始的导入教学环节，我借助计算机等信息技术设备为学生们播放了几段以猫为主角的动画视频，并据此引入了新课内容；在分析课文具体内容的过程中，为了配合口头理论讲解，我利用信息技术设备为学生们展示了一幅幅图片，图片内容主要为各种姿态的猫。通过上述充分运用信息技术所进行的教学活动，我为语文课堂增添了丰富的趣味元素，顺利营造出了轻松活跃的课堂教学氛围，使身处其中的每个学生都受到了有益感染和影响，所以他们自然而然地就提高了语文学习积极性，并切实热情地投入实际学习活动中，对其语文素养迅速提升有所助益。

（二）分层进行提问，给予学生体验成功机会

提问是课堂教学过程中的关键环节，所以如何进行提问很多时候也会

对学生学习态度产生影响，进而导致不同的教学结果。鉴于此，实际进行小学语文学科教学工作的时候，教师们就有必要在全面了解学情的基础上进行分层提问，尽可能地给予每个学生体验成功的机会，有助于学生学习积极性的大幅度提升，为其深入学习以及综合发展奠定基础。

例如，平时基于《铁杵成针》这篇文言文开展课堂教学工作的时候，我在各个恰当时机组织了问答活动，且充分融入了分层理念。具体而言，我通过简单测试以及实际观察等手段全面了解了班里各个学生当前的文言文水平和综合语文素养，接着根据结果将学生们划分到了不同层次。在此基础上，我针对能力层次较低的学生提出了一些相对简单的问题，如"'过是溪'这句话中'是'这一字的意思是什么"等，与此同时，我还向能力层次较高的学生提出了一些难度较大的问题，其中包括"本篇文言文可以用哪一个四字成语概括中心""我们可以从文章内容获得怎样的启示"等，要求学生们独立思考后回答。这样，每个学生所面对的问题都具有一定的挑战性，但同时他们最终又可以经过努力思考正确回答大部分问题，所以学生们显然都拥有了充分体验成功的机会，进而学习积极性得到显著提升，有利于他们持续进步。

（三）强调学生自主，挖掘学生语文学习动力

实际上，任何忽视学生主体价值与作用的教学模式都会对学生的学习积极性造成不利影响，会阻碍学生学习的进步。鉴于此，在平时的教学过程中，小学语文教师就有必要在各个恰当环节强调学生自主，充分挖掘学生语文学习动力，有效提高学生语文学习积极性，进而助益其语文综合能力发展。

例如，平时课堂上组织学生们学习《"诺曼底"号遇难记》这一课语文知识的过程中，我加强了对学生主体价值的重视，给予了学生许多充分发挥主体作用的机会。具体如下：在分析基础知识的过程中，我并没有强制要求学生理解记忆我所讲内容，而是在各个恰当时机为学生们留出了

一定的自主探索空间，鼓励他们大胆进行质疑思考，并与同学进行讨论交流；在课堂练习环节，我将学生们划分成了一个个两人小组，同时鼓励各小组两人互相为对方设计练习题，有益于双方更有效地巩固所学以及锻炼综合能力。在上述教学过程中，每个学生都拥有了充分发挥自主价值的机会与空间，所以语文学习动力自然被最大限度地挖掘了出来。基于此，学生们的语文学习积极性自然大幅提升，为他们迅速提升语文综合素养奠定了良好基础。

第三节　评　课

一、小学语文评课的认知

教师作为一个群体想要为学生提供更优质的教学服务，就需要不断提高自身的教学水平。教学群体通过听评课的方式为教师提出改进意见，让教师提高自身能力，但是现在听评课存在部分问题，听课教师过于注重评论结果，忽视听课过程，学术交流的氛围也发生改变。听评课应该引导教师能力增长，现在有些流于形式，不能发挥其作用。

（一）小学语文教研活动听评课中存在的问题

1. 授课教师流于形式

现在学校逐渐意识到要提高教师能力这一点，以及促进教师之间学术交流的重要性，所以积极促进教师之间进行学术交流，甚至还有部分学校设置教研月，听评课活动明显增多，但是不能发挥提高教师能力的作用。在授课教师要上公开课时，都希望将最优秀的状态展现给同事，听课教师无法从中感受到教师真实教学的状态，这并不是授课教师想要弄虚作假，只是为了表示对同事的尊重，想要获得较好的教学效果。还有部分教师在授课过程中流于形式，在公开课时设立教学目标、小组教学，展开多种教学形式，让人眼花缭乱，看似教学内容丰富，却并不实用，学生往往无法找到教学重点。尤其是语文教学，教师应该在备课时充分理解教材，然后将知识传授给学生。

2. 听课教师过于注重结果

在听评课教学活动中，听课教师也占据重要地位，可以实现教学能力的提高。在实际的听评课过程中，听课教师可以通过听课学会更多的教学技巧，通过观察学生的反应找到容易让学生接受的方式，进而提高自身的教学能力，但是现在听课教师过于重视最后评议的结果，在课堂中只关注教师的授课，不关注学生听课的状态，所以能力并没有太大的提升。听课教师在听课的过程中过于关注教师的讲课状态、教学设计以及多媒体的应用，忽视了学生的课堂表现。部分教师在评议课程效果的不同上过于保守、在乎情面，不能提出具有价值的教学意见，导致双方教师的能力都没有显著提高。大部分学校的学术活动缺少专家的指导，不能在听课过程中找到自身的不足，没有达到学术交流的目的。综上所述，由于学校领导没有对小学语文教研活动予以充分的重视，导致听评课活动不能充分发挥其功能，听课教师不能透过现象看本质，了解授课教师的真实教学状态，使教师的教学能力得不到提高，教研活动也失去了意义。

（二）解决小学语文教研听评课问题的对策

1. 建立合理的听评课教研体系

学校开展语文教研活动的本质就是想让教师通过学术交流提高自身能力，给学生提供高质量的教学服务，但是现在没能达到活动开展的目的。听课教师应该从不同教师的教育理念、教学策略以及教学重点等方面展开研究，共同促进，共同提高。学校为引导教师有序展开听评课教研活动，应建立一个科学合理的教研体系。在该体系中应明确指导听课教师在课堂中实现进步，并且将其纳入对教师的考核指标之中。学校应根据需要细化听评课评价指标，如听评课数量、听评课纪律、听课内容以及本次教研活动对日后教学的促进作用，让教师可以从中提高自身的能力，通过教研活动对自身的教学有积极影响。对于小学教研应根据学科成立听评课教研小组，如小学语文教研小组，开展活动组织教师互相学习。学校也可以根据各个教研小组的表现评出优秀教研小组，让其对其余小组进行指导，让全校师生可以共同进步。

2. 有计划地开展活动，加强学术交流

学校应该有计划地开展教研活动，并且应该培养民主平等的学术交流氛围，让各位教师的教学能力都可以得到提高。在听评课的过程中不应该只从一个方面评价教师的教学效果，应该从多个方面考量。如针对小学语文的听评课程应该考核教师的备课程度、对教材的理解程度以及授课情况，听课教师应该明确听课重点，多角度衡量，提出改进意见。教师听课时应该从以下几个方面考虑。

教师的教学观念。教师在教学过程中是否会向学生拓展课外知识、是否与学生多互动以及教师的课程主要面向班级少部分人还是大部分人。

教师的教学设计。一堂课最重要的是教学内容，教师是否了解教材，是否根据学生的理解水平将内容重新安排，教学重点是否明晰。

教师的课堂结构。教师是否对课堂进行合理的安排，在内容讲解以及知识归纳总结之时的时间是否安排得合理恰当，学生的综合素养是否得到了提高。

教师的教学方式。教师的教学方式可以影响学生的学习心态，影响学生的学习效果，听课教师应该关注教师选取的方式是否适合本节课的教学，是否符合学生的心态，能否促进学生能力的提高。

（三）评价语文课堂教学的环节

经过探索，我们学校现在基本上把课堂导学归纳为"自主预习（学习）—成果展示—交流合作与展示—质疑释疑与提高—课堂反馈"五个基本环节，我们把它称作"五步导学法"。根据每一堂课的内容和性质，又可以衍生出不同的变式。评课时就要考量这堂课的环节安排合不合理、科不科学，既不能随意安排，也不能为了模式而模式。要克服形式主义，注重课堂实效。

（四）评价语文课堂教学时间的分配

也就是课堂上教师讲授的时间和学生自主支配的时间的分配问题。在这些年的探索中，各地各学校对时间的分配大都有自己的限定。综合起来看，一般都把教师的讲授时间限定在10～20分钟，有一个趋势就是教师普遍认为好像越短越好，超过限定似乎就不对了。其实，不同内容、不同性质的课，不同基础的班级，教师的讲授方式是不一样的，所需的时间也是不一样的。如果从时间上限制过死，反而束缚住了教师的手脚。我们应该看教师所占用的时间是不是应该的、还有没有压缩的可能。只要他所用的时间是合理的、应该的，就不应受到过多的指责。当然，必须保证学生有充分的学习、交流、展示、质疑的时间。

（五）评价语文课堂教学"三讲三不讲"原则的贯彻

"三讲"，即讲学生提出的问题，讲学生不理解的问题，讲知识缺陷和易混易错知识。"三不讲"，即学生不预习不讲，没问题不讲，有问题学生不讲之前不讲。这是在近年才提出的一个重要理念。这一理念如果得到切实的贯彻，学生学习行为的主动性、自主性就能够得到真正的体现。

在"三讲"中，"讲学生不理解的问题"和"讲知识缺陷和易混易错知识"做得比较好，但"讲学生提出的问题"就值得商榷了。这些年的各种课，包括一些所谓专家、名家的献课活动，大都是把教师设计的问题以学案的形式呈现给学生，学生要解决的任务也主要是这些内容，而不是学生自己发现的问题。不少情况下，学生的提问往往是课堂尾声中的一个点缀而已。即使学生提出了问题，如果还有时间就解决一些，如果没时间了，则"引导"学生放到课后解决，其实是不了了之。

要做到"讲学生提出的问题"，我们可以改变一下现在的做法，即在学生预习阶段就让学生自己通过对文本的解读去发现问题、提出问题，通过一定的形式将问题集中到教师手里，教师再把这些问题作为自己讲解的重点。这样，也许更有利于培养学生的主人翁意识，提高学生学习的效率。至于"三不讲"，我们还需要继续摸索，教会学生自己发现问题、提出问题。有人曾说，发现问题比解决问题更可贵。那么，我们教会学生发现问题就比教会他们解决问题更重要。我们在引导学生学习的过程中，就一定要把教会学生发现问题摆在首位。评课时，我们不能忽视"三讲三不讲"原则是否得到了贯彻。如果真正贯彻了这一原则，那学生就真的成为学习的主人了。

（六）评价学习小组的建设质量

作为课堂教学结构改革最重要的一个方面，学习小组的建设关系到改革的成败。只有学习小组有活力，课堂才会有活力，才会有成效。在学习小组的学习活动中，应该是全体都积极参与，没有"旁观者"，没有"看客"，也没有"语霸"；小组有积极的表现欲望，小组成员也有很强的表现欲望。学习小组不是简单的几个人的组合，而是一个比较复杂的系统工程。成功的学习小组具有教师不可替代的重要作用。这还需要我们继续探索。

（七）评价学生合作交流的有效性

很多课堂，特别是有人观摩的公开课堂，学生的表现都是很积极的。只要进入讨论交流环节，整个课堂就热闹非凡。但是，讨论是不是有效，值得我们观摩的人去认真考量。交流讨论的目的是取长补短、共同提高，可是实际上，不少课堂讨论交流并没有（或没有很好地）达到这个目的。从这些年听的各种各样的课来看，交流讨论流于形式的不在少数。比如，学生在讨论前已经有了自己的答案并呈现在学案上，经过热烈的讨论后，很多学生展示出来的答案依然不会发生改变。这就表明学生并没有在交流讨论中汲取别人的长处来提高自己的认识。这样的讨论，其有效性是值得推敲的。

（八）评价语文课堂上学生质疑与释疑的深度

在这方面，目前的课堂表现不尽如人意。学生的质疑应该主要体现在两个环节：展示环节和专门的质疑环节。我认为展示环节的质疑更重要、更有价值。如果学生在别人展示时能够及时发现问题，及时提出质疑反驳，从而展开辩论，那才是真正闪光和出彩的，才是真正的两种甚至几种思想的碰撞，这样的碰撞才是真正有价值的。现实的课堂多是各展示各的，学生们井水不犯河水，一片太平景象。我们做教师的就应该思考如何引导学生去碰撞。

另外，我们在评课时还应注意一点，即教师预设的教学内容是否完成。

二、评课的切片分析——以《杨氏之子》为例

上课，是享受；观课，更是享受。潜心设计，课堂生成了精耕细作的细腻；深度阅读，展现着教师大开大合的大气。

以小学语文第十册《杨氏之子》为例，五、六年级课改组成员根据"问题导学"课堂教学模式"生成问题—探究问题—解决问题"环节，分成七维度观课，课后进行了观课的切片分析。

维度一关键词：设计

我们小组的观察点是"先学后导"，我们认为这里的"先学"有两层含义：第一，教师先学，李老师对文本进行了深度解读，设计出预习单、共学单和延学单；第二，学生先学，学生在课前对课文进行了自主学习，并在预习单的指引下进行了独立思考。"先学后导"还体现在李老师的课中，无论是生成问题还是探究问题，学生都经历了自学到对学再到小组共学的过程，李老师给了学生充分的自学时间用于质疑、思考，待学生有了自己的想法以后再对学、共学。"先学后导"更体现在李老师设计的延学单中——读《世说新语》中的两个小故事，让"学"延续到了课后。

同样，教师的"导"也很出彩，"导"的时机非常恰当。比如，在小

组汇报"杨氏子的'聪惠'体现在哪儿"这个问题时，学生汇报到了"会听""会说""反应快""以其人之道还治其人之身"，但始终说不到杨氏子的说话委婉、有礼貌时，李老师给予了适时的指导，让学生比较：孔雀是夫子家禽和"未闻孔雀是夫子家禽"，从而让学生领悟到了杨氏子的说话委婉和有礼貌，这样的点拨恰到好处。

维度二关键词：学生

在李玉红老师执教的《杨氏之子》以学生为观察点的观课过程中，我们重点关注的是学生的学习，包括学习的习惯、方式和状态。整堂课，我们已经深刻感受到了学生所学规范的基本形成，合作学习的规则十分明晰。学生在倾听别人的意见、开展讨论、表达见解、纠正错误、汲取长处、归纳意见等各方面都能有条不紊地自主进行。在课文的学习过程中，从"独立思考，记录想法"，到"组长安排，各抒己见"，再到"集体讨论，整合意见"，学生在不断思考、判断、选择、分析、表达、补充、讨论、争辩，在这个过程中，每个孩子都有思考的机会和时间，也能够积极地认同自我，与同伴对话。但是，在整合问题的过程中，老师请学生选择解决问题的顺序，其实是筛选出主要问题，充分尊重学生的主体地位，但一个学生是否能代表全部学生呢？值得商榷。

维度三关键词：教师

《杨氏之子》一课的教学中，教师的有效引导是"问题导学"小组合作学习高效的关键。课堂上，教师的主导作用发挥得很好，因此，学生的主体地位也很突出。

1. 在需要点拨处引导

学生的知识水平有限，对知识的感受和理解会出现困难。如学生初接触文言文，小组合作读后，在正确断句、流利朗读方面遇到困难时，李老师一步步给学生以停顿、语气、语调上的暗示。然后，指导学生读准音，断好句，在此基础上，学生独立朗读，为理解文本铺好路。朗读时，李老师采取个人读、小组互读、全班读等多种形式进行朗读引导。在她的引导下，学生饶有兴趣地读了一遍又一遍，这个环节虽然比较费时，但是我们明显地感受到学生的读不是简单地模仿，而是入情入境地品读。

2. 在语言精妙处引导

李老师抓住了文章的中心问题：杨氏之子的聪明表现在哪里？引导学生品味语文，整堂课充满浓浓的语文味，如一组学生回答"此是君家果"，指的是杨梅。老师问："哪个同学有反驳意见？"另一个学生说："孔君平用'杨'字做文章。"老师说："是的，'杨梅'有'杨'字，杨氏子姓杨，都是以杨做姓氏，杨氏子的聪明表现在听出了孔君平的言外之意，他的聪明表现在会听。"另一组汇报："未闻孔雀是夫子家禽。杨氏子也是以孔君平之姓氏做文章。"老师说："对，看得出来杨氏子会说。"第三组汇报："杨氏子应声答曰。"李老师说："'应声'看出杨氏子反应快。"从文章中一句句语言的品读，李老师一步步引导出中心问题：杨氏子的聪明表现在"会听、会说、反应快"。

3. 构建起学生问题的体系，使问题有梯度性

在学生提出大量的问题之后，经过个人提、小组提、全班提，教师对最终的八个问题进行筛选。最终选出两个既是体现文章重点，又是文章难点的问题，然后将两个问题进行有目的的排序。

问题一：杨氏之子的聪明表现在哪里？

问题二：杨氏之子的回答妙在哪里？

解决了问题一，学生自然会水到渠成地解决问题二。得出杨氏子的回答妙在：①以其人之道还治其人之身。②说话委婉，有礼貌。对第二个问题，老师把"未闻孔雀是夫子家禽"与"孔雀是夫子家禽"做了对比。在老师深厚的语文素养、机智的引导中，学生体会出了杨氏子回答之妙处。这节课，李老师有效引导了学生的问题导学，小组合作，高效地让学生真正理解和掌握了语文知识。

维度四关键词：效果

学生参与课堂教学的数量、广度、深度是衡量学生主体地位发挥的重要标志。五（6）班的学生都是以主人翁的姿态，积极主动地参与学习的全过程，可以说是一堂高效率的语文课。在李老师智慧的引导下，学生敢于发表自己的意见，回答问题学生数过半，课堂气氛活跃。师生关系民主平等，学生兴趣浓厚，思维活跃，学习气氛融洽和谐。学生独立思考的时间至少占整节课的20%，在学习过程中拥有独特的提出问题、提炼问题、解决问题的经验。

学生自主学习的程度和合作学习的效度。一般来说，学生自主学习是合作学习的前提。若把"小组合作学习"看成"合伙做生意"，"自主学习"就是每一个学习者的投资"股份"，没有"股份"就没有"分红"，没有合作前的自主学习，就没有小组合作的"生成"获得。

在学生自主学习情况观察中，发现五（6）班的学生在学习课文前已经通过预学单对课文的生字、重点字词、大意、朗读等进行了第一轮学习，在交流问题前已经对自己要提出的两个问题进行了筛选，在提炼主要问题时再次进行了精简，还在尝试解决共学单时有了独立思考。正是因为有了这四层自主学习，所以在合作学习时，组长很快就能带领组员并然有序地开展讨论交流。组内人人积极发言，"我要补充""我想反驳"此起彼伏；交流出现困难时，组员之间或鼓励"再想想"，或追问"为什么这样想呢"，组长也不时地推进着小组合作。探究学习是一种发现学习。在教学过程中，五（6）班的学生表现出较强的问题意识和问题能力。如有学生提到"夫子"，李老师马上以这一问题为载体，引导学生积极探究其含义，并通过现场的"谢夫子""周夫子"实例让学生明白"夫子"是对知识渊博的成年男子的尊称；又如有学生提出"未闻孔雀是夫子家禽"，李老师灵机一动，使用句子比较的方法，让学生通过去除"未闻"后的语气情感变化从而领悟杨氏之子的有礼和委婉。可见，在"问题导学"

的引导下，在老师的启发下，学生提出的问题越来越多，越多越好，越来越趋向有深度的地方，并能积极寻求解决的途径，这不正是我们的理想课堂吗？

维度五关键词：问题

上课伊始，李老师以"问题"激发学生学习文言文的兴趣，然后让学生从文本中发现问题、提出问题、梳理并提炼问题、探究问题、解决问题。整节课做到顺"问"而导、顺"学"而导，课堂上学生为"主体"和教师为"主导"的地位得以充分体现。而教师对"问题导学"的五个基本要求，都处理得"甚聪惠"，从下面几点来谈谈。

1. 探究问题，适时点拨

问题一：杨氏子的聪明表现在哪里？在汇报这个问题时，几个学生都没能把问题的答案说全面，还停留在文字表面。这时李老师适时地引领孩子从文中三句话的文字背后概括出：杨氏子的聪慧表现在会听、会说、反应快，并板书于黑板上，让不同层面的学生一看便知杨氏子聪明所在。

2. 顺学而导，导得机智

在品析"未闻孔雀是夫子家禽"一句时，为让学生更直观明了地体会"夫子"是什么意思，李老师以现场观课人员为例子，如谢校长、周老师。他们二人知识渊博，又是男性，可称"谢夫子"和"周夫子"，而李老师是女性，即使知识再丰富也不能称为"李夫子"。经她一点拨，相信学生更明白"夫子"是对知识渊博的成年男子的尊称。

3. 问题引导，启发得当

问题二：杨氏子的回答妙在哪里？为了让学生更深入地体会这个问题，李老师恰当、适时地引导学生辨析："未闻孔雀是夫子家禽"与"孔雀是夫子家禽"这两句话的区别和表达效果。

"未闻孔雀是夫子家禽"的意思是：没有听说孔雀是您家的鸟。杨氏子没有直接用"孔雀是夫子家禽"这种肯定句式来答，而是用"未闻孔雀是夫子家禽"的否定句来答，他回答的意思是：既然孔雀不是您家的鸟，那杨梅就不是我杨家的果了。杨氏子的回答就"妙"在这，用否定句既巧妙地回答了孔君平对他的提问，又体现出他有礼貌的性格特点和风趣幽默的语言。美中不足的是，这个问题是该文的重难点，也是文中的一大亮点，由于前面在"提出问题"和"梳理问题"环节差不多用了20分钟，导致老师与学生一起解决这个问题时匆匆带过，还没有让学生真正理解"肯定句"与"否定句"这两句话表达的效果，如果能多一点时间让学生反复读这两句，让学生说通、说顺这两个句子的意思，学生才会真正体会到"未闻孔雀是夫子家禽"的妙处。相信这节课会锦上添花，更有实效。

维度六关键词：小组

《杨氏之子》的课堂教学一改过去老师教、学生学的模式，新课标所提出的小组探究学习在这节课上得到了充分的体现。在小组的学习中，学生首先根据小组的问题进行自组学习，然后进行交流。在这个过程中，小组的规则也得到了体现，对促进学生的个性发展起到了一定的作用。在探讨集体筛选出来的问题后，小组又进行了紧密合作，对"杨氏之子的聪慧表现在哪里？杨氏之子的回答妙在哪里"进行了讨论。在回答的过程中，每个小组的同学通过读、讲等方式都把自己的观点向其他小组展示了出来，其他小组聆听后进行了纠正或补充，在该过程中，学生课堂的主体作用就体现出来了。但在整个过程中，学生的展示能力还有进步的空间，抢答和激辩还不够热烈。

维度七关键词：文化

这节课中，课堂文化味浓厚。体现在以下几个方面：①语文味渗透在课堂的每个细节中。从老师的导入，到课堂过渡语的衔接，再到评价语的现场生成，都充分体现了语文的学科性质。比如，在调控课堂时，用自己日积月累及书中的"诗句"进行师生应答，既复习了诗句，又调节了气氛，且能渲染课堂，真可谓一举三得。②平等、和谐、尊重、关爱等人文关怀凸显。小组讨论、展示都由学生主动提出。并且，在课堂中，老师注重小组的均衡发展，即使有小组没有机会回答，老师也能在课堂最后给予机会。这样的平等、和谐的理念，在小组合作学习中也能得以体现。比如，在对学时有一个小组多出一人，老师及时关注到，让多出的学生加入最近的对学小队中。③思考引导课堂。课堂以问题为主导，引发学生充分地思考、交流。在课堂上，从生成问题到解决问题，学生逐步思考，逐渐深入。在老师的引导下，全体学生都能思考共同提出的问题并解决。如果说课堂文化建设存在不足，那就是思考的延展性及高级技能（解释/解决/迁移/综合/评价）的生成性不够。

第四节 小学语文切片观察案例展示

一、精耕见细腻，深读显大气——《两茎灯草》同课异构课堂视频切片分析

《两茎灯草》是人教版第五册第七单元人物描写一组课文中的第二篇，节选自我国古典讽刺小说《儒林外史》。课文节选的片段不长，只有区区300字左右，但是语言精练传神，活生生地刻画出了一个吝啬鬼形象。阅读教学比武课上，两位老师展示了各自对《两茎灯草》一课的深度阅读和潜心设计，让人感受精耕细作的细腻及大开大合的大气。

（一）感悟"吝啬"，逐层深入

呈现在读者眼前的严监生是一个活生生的守财奴形象，怎样让学生从内心真切地感受到他的吝啬？这是两位老师都要把握的一个教学重点。

【课堂片段一】

骆老师让学生自读课文，用自己的话概括了课文的主要内容后，以课文插图进行了这样的过渡。

师：当时的情景是怎样的呢？有位画家把它画出来了（投影出示课文插图），请问你看到了什么？

生：桌子上点着两茎灯草。

师：哪里点着灯草？

生：桌子上的油灯里。

师：对，要不桌子就着火了。（及时引导学生表述要准确）

生：桌子上有个烂了的茶壶。

师：你观察得真仔细。

生：房间里只摆了几件简陋的家具，说明严监生很吝啬。

师：你真是火眼金睛。

生：……

（学生的思路逐渐打开，抓住房间的细节体会，教师的点拨简洁清晰）

师：故事就是这样开始的，"自此"，读。

生：接过老师的引读，学生开始朗诵课文。

【课堂片段二】

与骆老师的切入点不同，肖老师引导学生自读课文以后，开始了研读。

师：读了课文，你觉得严监生是个怎样的人啊？

生：是个很吝啬的人。

师：能结合课文具体说一下吗？

生：临死前的严监生还想挑掉一茎灯草。

师：你读出了自己的理解。

生：他很贪财。他临死前还想把灯草挑熄。

师：我觉得应该把贪财换成爱财，对不？请把这两个词写到黑板上。

生：他是个守财奴。

师：是的，只要读过《儒林外史》的人，脑海里立刻就会跳出一个词——吝啬鬼。

师：让我们回到课文中，体会作者的高明之处。默读课文，画出严监生动作和神态的句子，体会他的心情。

接下来，学生按照老师的要求再读课文，在文中找出描写严监生动作、神态的语句，并揣摩他的内心活动，然后在小组内交流。学生经历了自主学习、思考的过程，因此在全班交流时，个个十分踊跃地展示着自己的思维过程。

【分析】两位老师没有急于将严监生的形象用某些词语来进行高度概括，用笼统的"词"来定格，而是尊重学生的学习起点，让学生重新思考并整体感知作者笔下的严监生是个怎样的人。从感悟人物形象的流程来看，两种教法的切入点有所不同。骆老师是在画面观察中体会；肖老师是在品析语言中层层推进。殊途同归，最终达到了让人物形象逐渐立体、丰满的教学效果。学生也循序渐进，逐层深入地感悟人物的形象。

（二）聚焦"摇头"，揣摩内心

好的阅读教学课一定能呈现出"读"的层面性：先求读正确，读流利，再求读有所悟，读进文本的重点，读出人物的特点，读懂作者的匠心，最后达成的状态是读得有感情、有韵味。

【课堂片段一】

投影出示三次摇头的句子：

他就把头摇了两三摇。

他把两眼睁得滴溜圆，把头又狠狠摇了几摇，越发指得紧了。

他听了这话，把眼闭着摇头，那手只是指着不动。

师：下面，老师读诸亲六眷的猜测，你们读描写严监生的句子。

师：二叔，你莫不是还有两个亲人不曾见面？

生：他就把头摇了两三摇。

师：这快死的人了，头还能摇得这样利索吗？孩子，读慢一点。

生：他就把头摇了两三摇（学生放慢了语速）。

师：有点味道了。

师：从摇了两三摇，你体会到他的心情是怎样？

生：有点着急。

师：这仅仅是着急吗？大侄子都没说对呀。

生：心情很焦虑。

师：请你读出他的焦虑。

生：他就把头摇了两三摇（学生故意把"两三摇"放得更慢）。

师：你们仿佛走进了严监生的内心，他仿佛在说什么？

生：我都快要死了，你们还要这样折磨我。

师：请你读一读这句话。

生：他把两眼睁得滴溜圆，把头又狠狠摇了几摇，越发指得紧了。

师：孩子，已经把眼闭着不动了，他的心情是怎样的？

生：已经到了绝望的地步。

师：请你读出他的绝望。

生：他听了这话，把眼闭着摇头，那手只是指着不动。（学生的神情有了变化）

接着，肖老师出示了写严监生的三句话，让学生在朗读中发现作者一直在写严监生——摇头。然后巧妙地运用了对比，将这三句话改为："他摇了摇头。""他又摇了摇头。""他还是摇了摇头。"在比较中体会这三处摇头有什么妙处？学生的思维火花自然而然会在比较中碰撞。他们畅所欲言：写出了人物外貌，写出了人物心情，写出了人物的吝啬……

【课堂片段二】

骆老师在与学生研讨这一部分时，以表格的形式让学生找出"亲人猜什么"和"严监生的反应"这两组句子进行品读、揣摩人物的内心。

师：大家的想法和诸亲六眷也是一样的，所有的目光都注意到了两个手指上，他究竟想干什么呢？请画出亲人们猜测的内容和严监生在亲人猜错后的反应。

学生充分默读。

师：画完的同学请看表格。

谁	猜什么	严监生的反应
大侄子		
二侄子		
奶妈		
赵氏		

生：大侄子猜还有两个亲人不曾见面。

师：两个手指指的是两个亲人。

生：二侄子猜两个手指头就是还有两笔银子。

生：奶妈猜两个手指是指两个舅爷。

生：赵氏猜是两茎灯草。

师：严监生是个有钱人，他为什么有这样的反应呢？心中在想什么呢？还是要走进文字的背后去看一看。我们合作着读一读。

师：大侄子走上前来问道——

生：二叔，你莫不是还有两个亲人不曾见面？

师：请问这个时候，严监生有没有精力去听这么响亮的声音？

生：没有。

师：大侄子走到谁的面前？

生：严监生（老师作俯身）。

师：大侄子走上前来问道——

生：二叔，你莫不是还有两个亲人不曾见面？（学生的声音放低，气息变弱）

师：对呀，这才听着舒服呀。

……

骆老师层层深入引领孩子们体会家人的四次猜测。第一次猜测抓住为什么摇头？怎么摇？第二次猜测抓住体会人物的心情。第三次猜测抓住人物心情、动作、神态的变化。从而深深体会到原来严监生拼了命地举的两个手指，既不是指两个亲人，也不是指两笔银子，更不是指两个舅爷，而是指两茎灯草。至此，人物形象读到了孩子们的内心。

【分析】两位老师都将目光聚焦到了"摇头"，不约而同地抓住感悟人物形象起重要作用的关键词"摇头"展开教学，点到了文章的穴，把准了文章的脉。而且在品析语言，感悟人物形象中都层层深入，如猜字谜一般，越进一层，离答案就越近一层。

听着这个片段的教学，听着两位老师字正腔圆的发音、富有磁性的朗读，我仿佛觉得自己也和孩子们一起一点点地走进了严监生。他的守财奴形象一点点在我脑子中深入，一提到守财奴，三个摇头的画面就浮于脑际。我想：孩子们和我会是一样的感受。

（三）放眼"名著"，深度阅读

【课堂片段一】

新课伊始，骆老师从课题的"监"字入手，读课题，看注释，自然地过渡到了选文的出处。

师：严监生是哪本书中走出来的人物？

生：《儒林外史》。

师：好，让我们来了解一下。（出示投影，老师简要介绍原著）

师：作者花了多长时间写的？

生：20年。

师：说明什么？

生：时间长。

生：作品很著名。

师：著不著名还要等我们读过才知道。课本中的学习提示介绍了严监生的家庭情况，拿笔画下来。

生：在《儒林外史》中，严监生是个很有钱的人。

师：你知道他有多少钱？

生：不知道。

师：请大家看这段文字：

严监生家有十多万银子……

钱过百斗，米烂陈仓，僮仆成群，牛马成行。良田万亩，铺面二十多间……

——摘自《儒林外史》

师：老师换算过，一两银子等于现在的三百多元，那十多万两银子相当于现在的多少？

生：三千多万。

师：全部家财只有这些？

生：不止，还有"钱过百斗……"。

借用《儒林外史》的材料介绍严监生，这样的设计对学生感知人物形象有很好的铺垫作用。

【课堂片段二】

肖老师在课初，让学生阅读自读提示，初步了解《儒林外史》。在本课的拓展部分，肖老师以主题阅读的方式，以一文带多文，激发学生的阅读潜能。

师：把吝啬鬼的形象刻画得栩栩如生，让我们过目不忘。同学们，在文坛上还有四大吝啬鬼，想知道吗？（出示课件）

师：他们是《威尼斯商人》中的夏洛克、《悭吝人》中的阿巴贡、《欧也妮·葛朗台》中的葛朗台、《死魂灵》中的泼留希金。

学生带着问题阅读《欧也妮·葛朗台》节选部分。

师：谁能谈谈你读后的体会。

生：葛朗台跟严监生一样是个吝啬鬼。

生：我觉得葛朗台不仅吝啬，而且贪婪，他临死前还见钱眼开。

师：同学们真会阅读。文学名著中像这样的精彩描写比比皆是。

【分析】观课者在听完这两节课后，都有一个感觉——这是富有语文味的课。通过深度阅读，把课文读厚，读出味道；再把课文读薄，读出层次。正如骆老师课后在《探寻文本的真意，走进人物内心》一文中写道："课前备课时，需要读原著，做好比较，看大师课堂，索引相关资料，进行精简教学设计；课中，则需要巧妙引导，抓准字眼，多重角度融合，品读文章重点。"只有这样，我们才能嗅到作者"二十多年心血结晶"的味道。肖老师则以广阔的阅读视野，以主题阅读的方式使学生的阅读既有横向对比，又向纵深拓宽。

二、教学切片诊断的部分实例分析——以《母鸡》为例

为了更加清晰地展示教学切片诊断的操作流程，从单节课入手，将呈现并分析某小学三位老师对《母鸡》进行的部分切片诊断流程，其中，A老师为本节课执教者。

【课例信息】

时间：2016年4月。

【研究内容】

人教版新教材四年级语文第八册《母鸡》。

首先，三位教师根据教学实际情况选取值得分析的切点，继而对所选切点进行分析诊断。在本案例中，教师们通过现场观察记录课堂信息，并反复观看课堂实况录像，将最典型的教学活动片段定性为某教学设计，归纳某教学设计的基本规律、个案规律，最终选取了教学目标的达成、教学情境创设以及课堂提问三个教学设计活动作为分析切点，其中，我选取了三位老师关于课堂提问这一教学切片的主要活动。

第一步，首先了解所研究的教学设计的基本功能、意义及设计要求、标准。教师需要在相关资料中诊断所需要的教学设计理论，结合个人教学

经验理解，自己整理出基本的教学功能及教学设计要求。

第二步，再现教学活动，对该设计功能进行过程和结果的简要描述。

第三步，对照教学功能与设计要求进行对照分析并丰富标准。老师们通过文献资料，了解有关提问的相关设计理论，知晓了有效提问的作用和设计原则："提出的问题必须具有启发性，要让学生产生问题意识，引起兴趣与好奇心，推动学生主动探究问题的热情、获得问题解决的体验和答案。"

【分析过程】

在此基础上，开始进行切片分析。

第一，有效提问利于情境创设并明确本节课导入教学设计过程与意图：这个单元的主题是作家笔下的动物，即让学生认识与了解具有海军上将派头的白公鹅及老舍笔下的猫。师问：你喜欢什么小动物？请说出原因。提问设计意图：从学生熟悉的动物入手，通过谈话，拉近学生与课本内容的距离。根据标准分析，激发兴趣可以较好地调动学生的积极性，是引导学生主动学习的关键，同时可以增加课堂教学过程中的趣味性，能够营造良好的学习氛围。这篇课文以学生熟悉的动物导入，并让学生结合自己的生活来谈谈对喜爱动物的感受，教师期望通过前期谈话，可以逐步拉近学生与文本的距离，以此带动学生学习的热情。

第二，有效提问关注教学目标的达成，这样可以帮助学生对知识的理解和掌握。因此，提问的评判标准之一，即为提问应紧密围绕教学目标，考查学生的知识目标达成。清楚本课的教学目标：引导学生进行自读自悟，从中体会出作者的感情变化。A老师在引导学生读课文之前设疑：作者对母鸡的态度前后发生了怎样的变化？根据这一问题的提出，对照标准进行分析，首先，A老师在必要处设问，简明扼要地直接考查学生，可让学生边读边思，从而深入文本。其次，在考查学生对知识的掌握程度时，教师通过现场提问情况，可知问题的难度在学生的"最近发展区"内，部分同学可以通过引导和提示完成教学任务，让全体学生积极思考，培养独立解决问题的能力，促使学生智力由"最近发展区"转变为"现有发展水平"，保障目标的有效达成。但遗憾的是，教师们尽管认识到了"最近发展区"的作用，在后期总结丰富标准的时候却将其遗忘，没有将这一标准提升为教学理论成果。

第三，公平性、全面性分析提问实质上是一种有效的教学资源，学生作为受教育者，理应享受公正合理的对待。为了分析提问的平等性，教师们采取定量方式进行数量统计，通过观察可知：就整节课教师的教学提问频率而言，共提问32次，全班同学两人平均被提问次数接近一次。但在录像观课中发现，靠左最前排有位学生，在读词评价、根据意思说词语、汇报作者对母鸡态度前后变化、汇报为什么不敢再讨厌母鸡等问题回答时屡次被A老师关注，一节课被教师共计提问了5次。明显该生发言机会相对较多，相比全班而言，对其他同学略显不公平，无疑占用了其他学生参与课堂的机会。由此可知，这属于精英学生"垄断"课堂的现象，并不符合提问有效性标准的公平性，属于全班学生参与度不足的典型案例。根据其不足指出了相应的完善做法，如转变教师提问方式，尽管老师们认为很难真正做到全面兼顾每个学生的发展，但是应当努力尝试。但是，在该案例中，教师没有清楚地对提问"全面性"进行相关界定，公平不等于全面，如对问题考察范围是否全面，对这类问题教师并没有给予分析。

在分析的最后，教师进一步丰富和完善了该类教学设计的操作要求与规律，这一步就属于教学切片诊断的完善与总结阶段。以下是教师们所提炼的关于课堂提问的原则，即从个案上升到了一般规律。教师们得出，衡量课堂提问有效性的标准需要满足以下条件：保证实现学生对知识的理解和掌握；激发并培养学生的问题意识和深度思考；加强师生之间的交流与互动；保证教学过程中的公平与全面。除此之外，教师们指出："应努力提升教师提问的深度与层次，注重培养学生的应用能力、分析问题和评价能力，反复实践，最终提升自己的教学技能。"尽管教师的理论需要进一步优化，但是从这个过程中可以看出，教师有意识地进行经验的概念化总结和提升，研究意识和研究能力逐步提升。

附1：

东平小学"问题导学"观课表

周次：　　　科目：　　　课题：　　　授课者：　　　观课者：

维度	视角	观课分工	观察点举例
维度一： 学生学习	倾听		有多少同学倾听老师的讲课？时间多长？ 有多少同学倾听同学的发言？能对同学的发言进行评价或做补充吗？
	互动		参与回答问题的人数、分布面怎样？回答问题的质量如何？ 参与小组活动的次数、人数、效果怎样？ 课堂上练习作业的时间有多长？
	自主		学生自主学习（读书、思考）的时间有多长？ 是否有质疑问难？学生提出了哪些问题？解决得怎样？
	达成		学生达成教学目标了吗？有哪些证据（回答问题、朗读、书面作业、表情等）？ 作业批改或课后抽测显示目标的达成度如何？发现了哪些问题？
维度二： 教师教学	环节		教学环节是否围绕教学展开？时间分配是否合理？ 教学环节的逻辑性怎样？是否能"以学定教""顺势而导"，根据学生的实际情况调整教学流程？ 教学环节安排有哪些特色和亮点？
	指导		教学语言是否清楚明白、通俗易懂？ 板书和媒体呈现了什么？呈现的实际是否恰当？ 是否对学生的小组学习和练习进行了指导？效果怎样？

续 表

维度	视角	观课分工	观察点举例
维度二： 教师教学	对话		课堂提问的次数、类型（如简单复述、整合信息、评价和创意等）、难度、有效性如何？ 提出问题后是否给了学生准备的时间？是否认真倾听了学生的发言？
	反馈		是否及时地对学生的回答和其他学习活动给予了评价？评价的准确性（既热情鼓励，又指出问题）如何？ 是否能根据学生的学习情况调整自己的教学？
维度三： 课堂性质	目标		预设的教学目标符合这个班级学生的实际吗？是否需要调整？ 教学是围绕目标展开的吗？
	内容		本节课选择的教学内容是否体现了语文学科的特点？ 对这个班的学生来说，教学内容难易合适吗？课堂容量恰当吗？能不能体现不同层次学生的需求？ 课堂上有没有生成的内容？是怎样处理的？
	实施		教师采用了哪些教学方法（如讲授、讨论、活动、游戏、练习等）？这些方法效果如何？ 利用了哪些资源（教科书、实物、教具、多媒体等）？是怎样利用的？效果如何？ 向学生推荐了哪些课外资源？这些资源容易获得吗？
	评价		教师为检测教学目标的达成度采用了哪些评价方式（形成性评价）？ 这些评价方式获取了教学过程的相关信息吗？获得了信息后又是怎样处理的？

附2：

东平小学小组合作下的"问题导学"课堂教学模式的研究（学生活动等级量表）

时间	地点		课题				
观察者资料	姓名		年龄		教龄		单位
观察中心	小组合作学习行为						

	学生表现	评分
观察记录	1.学习兴趣是否浓厚	
	2.学习情绪是否高昂	
	3.能否积极参与教学活动	
	4.对组员的态度	
	5.能否在学习中自觉从学习任务单中自主选择、重组信息，能否"发现"规律，形成自己的见解并有效表达自己的观点	
	6.积极思考，深入探究	
	7.合作学习中，能否与同学有效合作，能否照顾到其他同学的学习需要	
	8.学习中，能否对老师和同学提出的观点大胆质疑，并提出不同意见	
	9.学习中，能否应用已经掌握的知识与技能，解决新问题	
	10.学习中，能否反思自己的学习行为，调整学习策略	

第四章

小学语文
课堂视频案例切片式
观察对象解析

对小学语文课堂视频案例切片观察而言，实际上是一个系统的工程，学生、教师、课堂环境氛围、教学方法选择、教学互动程度以及最终的教学所达到的效果等，都在观察范围之列。基于此，教师也需要掌握相关知识。

第一节　学　生

一、认真了解学生个性差异

新课程标准提倡"以人为本"的核心理念，"一切为了每一位学生的发展"不应仅仅是一句口号，而应成为老师们在日常教学活动中的一种自觉行为。体现在备课活动中，就是要把"备学生"真正落到实处。简言之，教师要在"四个读懂"的基础上，遵循"三个原则"、使用"三个方法"去备课，"备个性差异"，促成每一位学生的发展。

（一）四个读懂

在常态备课背景下，教师课前应如何落实以生为本的理念，做好"备学生"这一环节，真正读懂学生呢？我认为先要做到"四个读懂"：读懂学生的知识基础，读懂学生的学习习惯，读懂学生的生活背景，读懂学生的身心特征。

苏霍姆林斯基说过，在教学设计时，如果在自己的眼前没有出现那些机灵的、思路敏捷的米沙和那些头脑迟钝的、理解能力很差的柯里亚形象，那么这种备课只不过是进行抽象的理论推敲而已。我想他的这句话很好地说明了备课中不仅要关注备学生，而且要关注学生们的个性差异。

（二）备个性差异的原则

1. 主体性原则

教学的目的是促进学生的发展，发展学生的主体性。备学生的过程，就是深入研究学生、不断挖掘学生主体精神的过程。教师通过备学生，要解决学生现有水平与教学要求之间的矛盾，起到调节学生与教材之间关系的作用。在备课中教师应多创设让学生自由活动和展示自我的内容，使学生通过学习获得欣赏自我、体验成功的喜悦。

2. 差异性原则

教师要做到尊重差异、承认差异，从学生实际情况出发，根据不同情况，有的放矢地备课。在备课中要利用多种反馈渠道，积极创设师生之间、生生之间交流的条件和情境，尽可能为每一个学生提供施展才华的机会。

3. 发展性原则

教师要用动态的、发展的眼光看待学生，充分调动每一个学生的能动性。要客观地分析、研究学生，相信学生的能力，用"你能行"的期望来激发学生"我能行"的自信。学生的潜能包括潜在性、终身性、系统性、模仿性、补偿性以及无定向性等特点。小学生身心发展尚未成熟，教师不能一味地重视学生成绩的高低而忽视对学生能力的培养。要充分挖掘学生的智力潜能和非智力潜能，并据此设计教学环节，让学生能"跳一跳摘到果子"。

（三）备个性差异的方法

1. 根据学习起点制定教学目标

学习起点是学生在课前已有的和学习本课教学内容有关的知识与技能、情感态度与价值观等方面的基础。了解个别后进生的学习起点，可以用以下几种方法。

（1）估计学生的学习难点。教师在备课时可以根据本课的教学内容，思考个别后进生在学习本课教学内容时存在什么困难、在学习过程中难点会在哪里、他们会对哪些内容感兴趣。

（2）编制一些评估测试题目。教师可以把学习本课教材所必需的基础知识、基本技能编一些简单的题目，让学生笔答，从而了解他们存在的不足。

（3）查阅学生作业。通过对这部分学生上一节课的作业检查，可进一步明确他们学习新知识的困难所在。

2. 根据认知特点设计教学活动

后进生往往具有观察能力较弱、思维以具体形象为主、注意力较分散等特点。怎样在课堂教学中根据他们的认知特点设计课堂教学活动呢？挖掘教材中的智力因素、提出恰当的问题、创设一定的情境能够为他们减少学习障碍。

（1）细分教学内容。为了让每一位后进生都能够在课堂里学有所获，教师在备课时可以根据他们的认知特点细分教学内容，降低他们的学习难度。如在教学生字"俺"时，对三年级大部分学生来说，这个字还是比较简单的，教师特意设计了这样一个环节：利用拆字法学习"俺"字，"俺"可拆成"单人旁""大"和"电"。运用这样的拆字法进行生字教学，降低了后进生的学习难度，同时加深了学生们的记忆，增添了学习的乐趣。

（2）提出恰当问题。后进生由于知识匮乏，很少积极主动地参与到课堂教学活动中去。作为教师应根据他们的认知特点将复杂的问题拆散，设计成知识"零件"，给予他们一定的时间和空间进行回答，回答后再进行组合，引导他们完整准确地解决问题，使其尝到"跳一跳摘到果子"的滋味。

（3）创设情境激发兴趣。创设一定的教学情境就是通过引入或创设与教学内容相适应的具体场景或氛围，再现文本所描绘的情境，为后进生提供鲜明、准确、形象的感性知识，使他们产生身临其境的感觉，唤起他们积极的情感体验，帮助他们正确理解教学内容，促进他们获得全面和谐的发展，最大限度地提高教学效率。

3. 根据个性特点选择教学形式

心理学家研究表明：精神愉悦、情绪乐观的孩子学习主动，学业成绩较好；而情绪忧郁的孩子学习被动，学业成绩相对较差。后进生因为智力低下，经常受到同伴的歧视以及家长和教师的批评，因此，他们显得内向、自卑，不愿主动回答问题，不愿参与课堂的小组合作活动。作为教师要根据他们的个性特点组织教学活动，运用小组合作学习、助学小伙伴帮助等形式，提高他们课堂教学的参与性，提高他们的学习效率。

（1）小组合作学习。对于一些需要较高理解能力的问题，特别是对于一些关键句的理解，教师可以通过小组合作学习的形式进行教学，让后进生参与到小组合作学习中来，倾听同伴讨论，逐步理解问题、提高能力。

（2）助学小伙伴帮助。在课堂教学中，由于教师要照顾到整体，有时没有过多的精力关注个别后进生，而后进生由于种种原因，在朗读课文的过程中会出现以下这样一些现象：不能连贯地朗读课文，漏字跳行等现象较严重。因此，教师要充分发挥助学小伙伴的作用。

二、基于课堂切片观察反思备学生

作为教师，我们都知道备课不仅要备教材，更要"备学生"，我们应该充分考虑学生原有的知识水平并最大可能地预测学生在学习过程中可能遇到的问题，然后加以引导，直至问题解决。尽管心里明白却并没有引起我足够的重视：我一直固执地认为教学参考中的设计是许多名师甚至专家精心设计的，一定是最优秀的，我们只要采取"拿来主义"就一定没问题。今天我才彻底醒悟：自己的坚持真的是一种错误。

让我充分认识到这一错误的是本学期的轮值课。按照教学进度，我们学习的是人教版二年级上册第18课课文《称赞》，本单元的主题是友好相处，团结合作，这篇课文非常贴切地反映了这一主题。低年级的重点任务就是识字写字，又因为是第一课时，我的教学重点放在词语的认读和对课文内容的整体把握上。

切片观察一：

失误一：识字环节我采用了集中识字和随文识字相结合的方式，降低了学生识字的难度，目标达成比较理想。在对课文内容的把握上，我依据教学参考书设计了两个主要问题：课文中谁得到了称赞？小刺猬和小獾是怎么称赞对方的？听课文录音回答第一个问题。我在备课时认为这个问题非常简单，学生们应该很容易就能回答。然而在教学中，学生们都知道小獾得到了小刺猬的称赞，可是绝大部分学生没有发现小刺猬也得到了小獾的称赞。一连叫了三名同学都没有把这个问题完整地回答出来，这时我就比较着急了，直接把答案抛给学生。如果我在备课时能考虑到学生理解的困难，就应该进一步让学生读一读第9段，在阅读的过程中产生全面的理解，这样，学生回答起来就比较容易了。

切片观察二：

失误二："小刺猬是怎么称赞小獾的？"根据学生的回答出示相关句子，学生齐读。为了让学生体会到小刺猬由衷的称赞，我出示了"你真能干，小板凳做得真好！"进行对比阅读，（原文是"你真能干，小板凳做得一个比一个好！"）让学生体会哪个句子更好，并说一说好在哪里。我想学生们应该都看得出是原文中的句子好，难点应该在对原因的说明上，我想我可以提示孩子说一说"一个比一个好"是什么意思，这样就可以拓展类似的短语，如一棵比一棵高、一个比一个大等。可是出乎我的意料，绝大部分学生都异口同声地说我出示的那句更好，因为用了"真好"这个词。当时我的汗都冒出来了，怎么会这样呢？课堂教学顿时陷入了令人尴尬的境地，现在反思一下是自己出示第二个句子在说法上出现了问题，对学生造成了不必要的干扰，我应该把句子修改得区别度再明显一些——"你真能干，小板凳做得不错！"学生就比较容易区别了，教师就能根据学生的回答顺势进行引导，进而体会关键短语的含义并进行拓展应用。

切片观察三：

失误三：关于自然段的划分。学生从一年级开始就进行标注自然段顺序的练习，每篇课文都是如此，我便自信地认为这里不可能出现任何问题，在我看来，这个环节只是教师一问，学生顺应一答而已。然而我忽视了在这篇课文里第4自然段只有一行，对于这种情况，学生平时见到的极少，连很优秀的学生都标错了。课堂上我看时间不多了也没询问出错的原因，只是说某某同学的答案是正确的，看着学生一脸的茫然，心里的失落和郁闷就别提了。

结果，时间就这样白白地浪费了，导致指导学生书写生字的时间非常紧张。为了节约时间，我也没有让学生分析字的结构和关键笔画，自己快速包办了。没有展示学生的书写情况，同桌之间甚至还没有进行评价，下课铃声就已经敲响了。哎！这都是自己没有认真研究学生造成的后果呀！

切片分析：

尽管一系列问题的出现对我造成了不小的打击，但从另一方面讲，这也未必不是一件好事，我开始思考如何才能更好地基于学情进行教学重难点的确立，让学生在老师的指导下保证每节课都能有所收获。我借鉴了同事的做法，课前开始尝试布置预习作业单，每次的预习作业都会让学生上传课文录音，教师通过听不同层次学生的朗读录音就能找到大家普遍读得不准确的生字词以及难读的句子，在字词教学上就能直奔易错点进行纠错，这样也能很好地体现学生由不会到会的学习过程。预习作业单中还会让学生试着提出自己不懂的地方：不懂的词语或者是不懂的句子，甚至是不明白的地方都可以提出来。这样一来，教师就能充分了解学生理解上的困难，然后在思考比较有效的教学策略的时候就能有效突破了。在教学过程中，教师要随时关注学生的表现，尤其要注意倾听学生的发言，及时捕捉有价值的信息，迅速进行应对。

如在教学二年级上册识字第3课《拍手歌》一课时，教师让学生自读课文，找到文中写了哪些动物并圈画出来。教师指名让学生交流。一名学生把文中的八种动物的名称都完整地找到了，教师正要进行肯定和表扬，却突然听到周围传来质疑的声音，这时教师意识到有的学生应该出现了疑问，立刻让不同意见的学生进行交流。通过交流发现，有一部分孩子对于"百灵"是不是动物感到很困惑，看来学生对百灵很陌生。了解了学生的问题所在，教师相机出示百灵的图片，简单介绍百灵这种动物的特点，学生瞬间就明白了。

三、语文教学中关注学生并正确引导

（一）互相学习，以便小学生发展灵活的思维

灵活的思维方式意味着小学生在对问题进行思考的过程中，可以从多个角度着手，能够更好地感觉知识以及交流知识，对问题的思考更加理性。小学教育阶段的学生年纪相对较小，思维更为活跃，想象力更强，能够从特定角度提出十分有趣的想法。但是，部分语文老师在实际开展可测教学活动的过程中对小学生的灵活思维不够尊重，认为小学生的思维不可靠，从长久的角度来看，很容易对小学生的灵活思维造成极为严重的影响。一些小学生的想法差异过于理想，在参与课程教学活动的过程当中极容易分心。对于这些问题，语文老师在实际开展课程教学活动的过程中，应当对教学材料进行更为科学合理的应用，引导小学生，并协助小学生对情感与知识进行进一步的总结及交流。

比如，在对《观潮》以及《鸟的天堂》这两篇文章进行学习的过程

中，语文老师可以给小学生阅读文本，并且在实际阅读的过程中，小学生能够根据主题传达不同文章的情感表达，并且对不同文章的表达能力进行对比，进一步了解到用推理描述景观的不同方式。

（二）对小学生的同理心进行进一步的培育

不具有同理心的人一般会严重忽略其他人的感受，而专注于自身的感受。即使语言伤害了别人，也不会意识到这一问题。这不仅表示缺少较为扎实的语言能力，还表示缺少道德。简单来说，这意味着学生不熟悉这一社会，难以应用语言与他人进行沟通和交流。所以，对学生的同理心进行培育极为关键，特别是对于小学生而言，小学教育阶段是培育生活质量的关键一步，小学阶段的学生处于一个极为幼稚的时期，还没有形成以自我为中心的心理。在这一阶段，语文老师以身作则、为人师表，以便小学生建立同理心并且在说话之前多考虑别人的感受。所以，语文老师需要考虑怎样对小学生的同理心进行进一步的培育。为了协助小学生对同理心进行进一步的提升，语文老师可以让小学生进行剧本表演，在沟通以及交流的过程当中，语文老师也必须紧密关注小学生的举止与言行。

如若小学生应用不恰当的词汇，语文老师需要适度地提醒小学生。语文老师需要在私下与小学生进行沟通，并且告诉小学生此种行为是错误的，会严重伤害到其他同学，并且非常不尊重其他同学，以便小学生在与他人进行交流和沟通的过程当中正确传达自身的好意。

（三）变革教学模式，开展主题教学

就实际情况来看，目前很多学校的语文课堂都比较刻板，老师在课堂上还是以空洞的讲解知识理论为主，将语文这一门发散型的学科按照一种固化的方式去进行教学活动。就以前的教学效果来看，这种教学方式并不是没有一点好处，学生不仅了解了知识，而且不断学习了新的知识，但是学生的学习兴趣并不高，成绩也不尽如人意。究其原因，就是这种教学模式没有让学生真正地参与到教学中，一直都是老师在教育，学生被动地接

受，学生并没有做到自己去思考问题，思维能力也得不到提高。因此，现阶段的语文课堂需要做出改变，老师在进行设计时可以结合文字和学生的兴趣，为学生组织各种各样的主题活动，可以是游戏的形式，也可以是比赛的形式，需要让学生真正拥有语文的乐趣，这样，学生才会跟随老师的讲解学会自己动脑思考。

例如，《飞向蓝天的恐龙》这篇课文是一篇科学题材的文章，小学阶段的学生普遍对科学都比较感兴趣，因此在课前我利用多媒体播放了一段有关"恐龙"的动画片，学生们的学习积极性都比较高。接下来我带领学生将课本朗读了一遍，并且讲解了其中的生字词。之后我请几位学生有感情地朗读文章，并且在读之后抛出了一个问题："恐龙是如何飞上蓝天的？"让学生们以小组讨论的方式，结合课文中的内容独立思考，看看哪一组回答得最快、最准确。学生们讨论得很积极，并且都给出了正确的答案。

结合上述案例，小学生都有着较强的好胜心，利用小组竞赛的方法可以激发学生解决问题的热情，让学生主动思考问题，进一步分析和解决问题。

（四）巧借课本教材，培养创新意识

小学语文的教学中，课本内容的应用非常重要，小学阶段的语文课本都是结合学生的兴趣以及教学目标而选择的，将教材中的知识进行整合，利用这些素材开展教学活动也可以产生很好的效果。老师需要注意将课本中的难点、重点知识进行分析，合理设计这些知识的讲解办法，并且应该以学生为主，鼓励学生敢于发言，表达自己不明白的地方，这样才能收到更好的学习效果。在授课时，很多老师都将课本中的许多知识直接跳过，将难点知识讲得比较烦琐，但有时候正是这些被略过的知识会产生引导学生思考的作用，老师在分析教材时要做到全面。

例如，在讲解《猫》一课时，在课前我给学生播放了一段"猫和老鼠"的视频片段，学生们的学习热情都比较高。接着我让学生自主阅读课文，让学生们在阅读课文时发现小猫的特点。在学生阅读文章之后，我带领学生一同对猫的动作描写的部分进行分析，采取提问的方式，让学生对这种写作方法有所了解。最后我让学生大声地朗读课文，思考作者所表达的情感，学生们通过自己动脑都感悟到了作者对于猫的热爱之情，也可以让学生从小就养成爱护动物的习惯。

结合上述案例，学生在老师的引导下通过自己思考问题，可以获得更加真实的情感体验，这也有利于学生的思维得到足够的发散。

（五）融入情境教学，强化学生主体

对于小学生而言，他们并没有很好的自控能力，独立思考的能力也比较差，容易养成依赖老师的不良习惯。因此老师就需要改变这种情况，采取学生感兴趣的方法，如情境教学，为学生设置许多情境，让学生在愉快的环境中开展学习，可以活跃学生的思维，让学生真正融入教学中，让学生在语文课堂上自己思考问题并解决问题。

（六）鼓励学生通过观察来创新

观察是小学生思想进步和语言表达进步的途径，只有通过仔细观察，学生才能"知道"。引导学生从观察入手，是培养学生进行自主创新学习的开始。可以观察自然景观、各种动物、社交生活、绘画等，并寻求表达。在表达时，学生必须了解这种现象及其变化，有些学生也会考虑一些问题。要多向学生提一些问题，然后鼓励学生回答或主动向其他人寻找答案。这可以提高学生思维能力的发展，从而促进学生的创新思维。通过具体生动的教育，学生不仅掌握了观察方法和一般规律，而且通过观察培养了多向思维能力。经过大量观察和指导，学生逐渐发展了独立和创新的思维。

第二节　教　师

一、提升教师组织管理课堂能力

课堂教学的组织与管理通常是学校工作的核心，是开展学生培训和学习的主要手段。学校只有做好了组织与管理工作，才能为社会提供优秀的人才，因此课堂教育的组织与管理需要引起各方的高度重视。对于小学语文学科亦是如此，每位教师都应更加重视，在学科知识的教学过程中进行相应的组织与管理活动，并在这方面开展一些探索性研究，以实现高质量的教育。

（一）小学语文课堂组织与管理教学现状

综合分析小学语文课堂组织与管理研究现状，其中不少问题值得高度关注。其一，缺乏一定的责任心及深受传统教学理念的影响，一些教师难以兼顾教学与管理两个方面，因此影响教学质量的提升。其二，在实际教学过程中，很多教师已经认识到课堂中教师组织与管理能力的重要性，但其具体行动却暴露出很多问题，如学生与教师无法建立和谐的关系，教师在教学组织与管理过程中手段粗暴，因此降低了学生课堂学习的积极性，学生发现自己违反了教学纪律，就会受到公开批评，这就影响了课堂教学效果；在具体的课堂上，很多老师只要求学生安静地听，很少组织学生相互交流。那么课堂教学气氛通常比较沉闷，不利于激发学生的灵活思维，影响他们对知识的理解效率，等等。从以上实际问题的分析来看，大部分小学教师目前在班级组织与管理方面面临着重要问题。为逐步改善课堂教学现状，促进整个语文综合素养学科的快速发展和完善，有必要继续开展总结研究组织与管理活动。

（二）小学教师课堂教学组织与管理的特殊性

1. 教学对象的特殊性

学校组织与管理的主体是小学生，小学生的"服从"和"不服从"很大程度上取决于教师的行为，小学生正处于形成认知结构的关键阶段。他们是一个特殊的群体，如果没有很好的组织与管理，势必会影响小学生的学习效果，严重的还会影响小学生的心理健康发展。

2. 师生关系的特殊性

一是学生对教师的信任和依赖。学生将教师作为榜样，有很强的向师性。因此，教师需要利用好小学生这种特殊的心理。应做到：①不仅要考虑学生的表现，还要考虑学生积极向上的精神和榜样形象。②既要关注学生们的学习成绩，又要关注学生们的个性化发展。③纠正学生的坏习惯，培养他们崇高的思想道德。

二是小学师生关系对学生的发展有重大影响。教师的情绪会对学生的学习和生活产生深远的影响。因此，教师在课堂上要学会控制自己的课堂情绪，时刻以积极、乐观、快乐、阳光的形象面对学生，教师应对犯错或捣蛋的学生做冷静处理，不能打骂。

3. 基础教育课程改革对小学教学的特殊要求

首先，小学教师要转变教学观念，以学生为中心，在课堂上充当引导者和评估者，在领导和考核中规范学生在课堂上的行为，提高组织与管理质量。

其次，小学教师必须运用多种教学方法，只有教学方法多样化，才能激发学生的学习兴趣，增加学习的主观能动性，自觉维护课堂秩序。

再次，学生不应被动学习，而应主动学习。

最后，评价教师教学效果和学生成绩的标准不再只是学生成绩，而是一个更加多元化和人性化的评价体系，在传统的评价体系中，只要学生学习好，教学行为达到班级标准，对其他行为则漠不关心。教师应及时改变这种评价理念，既评价学生的成绩，还应对学生的学习行为做评价。

（三）小学教师课堂教学组织与管理能力研究策略

1. 建立完善的课堂行为准则，创造良好的课堂环境

"无规矩不成方圆"，教师应提高管理与组织班级的能力，首先要建立完整的班级行为规范，为班级创造良好的环境。在实践学习的过程中，由于一些教师在课堂上没有形成理想的规范行为，导致学生在课堂上的不当行为，此刻如果教师再次提醒其注意，效果将显著降低，部分学生甚至不会受到惩罚。在很多情况下，学生的行为会受到教师行为的影响，只有教师积极主动地制定适当的课堂标准并以身作则，才能在课堂上获得学生的信任和尊敬，这将增强教师课堂组织与管理的能力。

2. 建立合理的课堂评价体系，充分发挥学生的主体性

随着新课改的深入，传统以教师为主体的教学理念被现代教育理念所取代，以学习者为主体，以教师为引导者和评价者，在课堂上有效地培养了学生的主人翁意识。增加自我认同和课堂认同，让学生积极维护课堂秩序，从而提高课堂组织与管理的质量。

3. 引导学生自主组织与管理，形成良好的学习秩序

不管即是管，教师课堂组织与管理能力的体现还在于一个很奇妙之处，即使教师不管，学生也能够明确自主组织与管理的重要性，但只要学生有较高的组织与管理班级意识，教师即使没有组织，教室里仍能保持井然有序。为此，教师应首先采用分组管束的方式，让组长统管3到4人的小组；其次采用轮换制度，让每个学生都参与到组织和管理中。

二、结合现实选择合理的教学方式——以陶行知教育思想与红色教育融合为例

陶行知教育思想有着独特的意义与价值，在小学语文教学中，以陶行知教育思想为指导，在生活教学与社会教学方式模式中渗透红色教学，可以达到比较理想的教学效果。在具体操作中，一方面要注意选择合适的教材内容与题材；另一方面需要进行科学合理的生活与社会活动组织，促使真正达到"教学做合一"，让学生在生活感悟与社会体验中成长，了解红色文化，领悟红色文化，成为红色文化的传承者。当代处于中华民族伟大复兴的进程中，语文教育作为基础人文学科，应致力于爱国主义的文化教育，让小学生了解今日中国的伟大成就与幸福生活离不开革命先辈的奋斗和付出。在具体教育教学方法上，主要结合陶行知先生的"生活即教育""社会即学校"和"教学做合一"思想，在语文教学中渗透红色文化教育，激活学生的爱国主义情感，让他们热爱今天的生活、热爱伟大的祖国，并且了解中国革命先烈的伟大与崇高。

（一）在语文课程的生活化教学内容中渗透红色教育

小学生年龄尚幼，他们缺乏中国革命时代的具体认知与体验，因此在进行红色文化教育的时候，他们是很难产生沉浸式体验的。对于大部分小学生来说，他们通过观看有关红色文化的影视作品，也会受到一些红色文化教育，不过最好的教育还是在日常生活场景中开展的教育，毕竟"生活即教育"，在生活中开展，学生更容易感受到红色文化的熏陶，从而产生认同感。具体做法如下。

1. 寻找与现实生活契合的教学内容

由于小学生习惯于从现实生活中去理解事物，因此要想在生活化教学中渗透红色教育，则需要从教材中寻找与现实生活相契合的内容，然后基于相关内容进行教学设计，在其中渗透红色文化教育理念。对当代小学

生来说，他们虽然在影视作品中对红色革命历史有一定的接触，但是在生活中对红色文化是陌生的，毕竟在日常生活中，很少有涉及红色文化的内容。作为小学语文教师，则需要通过生活场景构建的方式，为学生创造生活与红色文化的联系，然后引导学生在其中进行体验与感悟。

红色文化教育内容既可以是过去的革命故事，比如小学六年级《金色的鱼钩》，就讲述了长征途中的一个革命故事；也可以是关于革命前辈的爱国行为，比如二年级下册的《邓小平爷爷植树》，就是通过植树活动这一行为，寄托了环保理念与邓小平等革命先烈对后辈的期望。在现实生活中，植树与钓鱼都是生活中经常可以见到的活动，因此这方面的内容可以采用生活化教学方式，构建一个生活化的教学场景，然后在生活体验中渗透红色文化教育，增进孩子们的感受与体验，如此可以达到比较好的教学效果，深度契合陶行知先生的"生活即教育"理念。

2. 基于生活场景将红色文化理念渗透其中

对小学生来说，生活是熟悉的，因此他们在熟悉的生活状态中会有一种融入感，在这样的状态中，他们获得的知识体验是深刻的，教育是自然而然发生的。当然，在具体的生活场景创建中，需要认真了解学生的年龄和认知特点。

在学习《邓小平爷爷植树》时，学生属于低年级，教师可以安排一个户外"植树（种花）"教学活动，教师准备一些小树苗（花苗），几个小朋友分成一组，每组负责种一棵树（花）。在植树之前，大家先听听《春天的故事》这首歌，教师给学生讲讲邓小平爷爷的一些故事，然后大家学习邓小平爷爷植树。植树之后，大家围着小树唱歌跳舞说话，并且要求学生以后定期来照顾小树，让它们快快长大。在植树活动中，儿童的心态是欢快的，同时也会在听老师讲故事的过程中，感受到以邓小平爷爷为代表的革命前辈对小朋友的爱和期待，从而让他们树立热爱环境、热爱伟大美好的祖国的情感。

在学习《朱德的扁担》一文时，当代小学生缺乏革命时代背景的体验，甚至部分长期生活在城市的孩子连扁担实物都没有见过，更不用说感悟"朱德的扁担"所体现的革命情怀，以及与战士同甘共苦的做法。面对这种情况，语文教师可以提前从农村地区找来一条扁担实物，然后在扁担两头挂上十斤大米，让小朋友试着抬起来走一走，他们就会感受到挑着东西的扁担压在肩头很重，走起路来很累。小朋友们通过亲身体验，就会感受到用扁担挑粮食的不容易，也就更能体验当时朱德以及红军战士的不容易。这时候，教师就可以引导学生讨论：红军为什么能够取得革命胜利？经过小朋友们的体验与讨论，就可以得出"不怕吃苦""不怕累"等结论，从而促进其对红色文化中革命精神的理解。

生活场景虽然是基于教学内容构建的，但是学生获得的体验却是深刻的，与生活结合，利用生活场景展开的红色文化教育，师生互动实现了"教学做合一"，会有更深刻的感悟，从而可以达到更好的红色文化教育效果。

（二）在语文课程的社会化教学内容中渗透红色教育

社会是最大的课堂，也是最大的教学平台，任何人文知识都来源于社会，也最终应用于社会。陶行知先生强调"社会即学校"，实际上就是将社会视为一所大学校，注重社会的育人效应。对小学生来说，他们只有接触社会，学着从社会中获得知识与体验，才能更好地成长。基于小学生身心尚不完善的情况，小学生接触社会是需要一定的引导与保护的。不过利用社会化方式展开红色文化教学，对小学生了解革命文化、培养爱国情感是极为有利的。具体做法如下。

1. 发现适合社会化教学的教育题材

社会是复杂的，甚至是包罗万象的，然而并非所有的小学语文教学内容都适合采用社会化的教学方式进行讲授，比如常见的科普性质的课文就不太适用社会化教学。不过总体而言，红色文化教育内容与题材还是可以采用社会化教学方式的。毕竟当初革命先辈干革命，就是为了创建美好的社会。然而小学生被家长和学校保护得很好，甚至接触社会的机会都很少，这样对小学生的成长是不利的，因为他们看不到社会，感受不到社会的多元与丰富，所以难以引发他们的观察、思考与感悟。尤其是红色文化教育，大多数学校习惯在学校里面搞活动，没有引导学生去发现社会中带有红色文化精神的现象与行为，因此教育效果未必能够达到预期。

在小学课本中，还是有很多与社会相关的红色教育题材和内容，教师应采用巧妙合理的方式，引导学生去思考观察，从社会中获得对红色文化的认知体验。比如，二年级下册的《雷锋叔叔，你在哪里》，实际上就是对雷锋精神文化传承的一种发现与呼唤，也是当今时代尤为宝贵的社会精神；四年级上册的《为中华之崛起而读书》，反映了周恩来总理等革命先辈为了中华崛起而奋斗的思想，与当代为中华民族伟大复兴而奋斗的精神是一脉相承的；还有六年级上册的《开国大典》，它是中华人民共和国成立、中华民族站起来的一个标志性事件，直至今日，每年的国庆大典、阅兵仪式等，都是中华民族已经强盛发展的现实映照，可以通过对比方式进行学习。在社会化教学中，可以安排一些教学活动，让学生在"学"和"做"中互动，从而达到"知"与"行"融合，如此在教师的红色文化教育中"教"也就达到了预期目的。

2. 基于社会活动将红色文化理念渗透其中

在红色文化教育目标引导下，将社会活动与教材教学融合起来，让学生在参与社会活动的过程中去主动发现红色文化精神与行为。也可以安排一些社会性质的任务，引导学生在社会实践过程中去感悟红色文化，实现"教学做合一"。当然，社会活动的组织与安排也需要根据实际情况去调节。

在学习《雷锋叔叔，你在哪里》一课时，教师可以组织两个社会性活动，一个为"雷锋在我身边"，主要方式为从社会层面发现身边的"好人好事"，包括学校、家庭、社区或者看到的社会新闻都可以，其目的是发现、思考和评价，学生讲述自己发现"雷锋"的过程以及具体的事情。二年级学生年龄小，因此教师和家长可以提示一些发现的方向。另一个为"我就是小雷锋"，主要方式为引导学生发现可以在社会生活中做好事的机会，比如看见教室门窗脏了，想办法打扫干净，或者学校花坛中有一些乱扔的垃圾，将其捡起来投到专门的垃圾桶中等，都是一些力所能及的好事，或者跟着家长和志愿者参与一些社区公益活动。通过两个活动的组织，再学课文，学生对于红色文化中的雷锋精神就有切实的认知，并且能够意识到雷锋精神的伟大。

在学习《开国大典》一课时，教师可以组织一场电影教学。找出1949年开国大典的视频材料，同时找出近年来国庆大典的视频材料（如介绍70周年国庆大典的有关视频），进行对比播放，然后让学生找出其中的差异，并结合自己在国庆期间的经历体验，说说中国社会的发展。对六年级学生来说，他们已经具备一定的思考能力，并且对这种看视频学习的方式也比较熟悉，甚至有的学生在电视上看过国庆的直播或者转播内容，他们就能够很清楚地了解到当今中国社会发展的伟大和不易。具体学习中可以采用课堂讨论方式，师生之间进行自由交流，教师可以讲述一些开国大典的细节：在开国大典中，飞机都是缴获的战利品，并且为了飞行编队效果，有的飞机还需要重复从天安门飞过，而到了当代国庆大典，飞机都是我国自行设计生产的，并且处于世界先进水平。在讨论过程中，教师可以让学生思考四年级时学过的《为中华之崛起而读书》，让学生讨论，今天中国社会崛起的表现在哪里？将其作为作业，让学生自己在课后去观察或者做调查，看中国社会崛起都有哪些表现。学生可以拍照片或拍视频，也可以自己写小文章，等等，只要是当今中国社会崛起的内容都可以。在这样的过程中，教师的"教"与学生的"学"有效互动，并且学生的"学"与学生的"做"也深度融合，从而激发他们的爱国主义精神，让他们对红色文化了解更全面，更有现实社会体验。

（三）分析

红色文化是我国社会发展的宝贵精神财富，陶行知先生的教育思想则是一种很好的教育理念与方法。基于陶行知的教育思想在小学语文教学中渗透红色文化教育，不仅可以从人文精神实现更好的育人效果，还能够让红色文化得到更好的传承与发展。在具体教学中，还需要注意如下两点。

1. 教学题材的合理选择

并非所有的语文课程内容都具有红色文化精神，陶行知的教育理念对于所有的语文课程教学内容也并非都适用，因此需要精心挑选合理的教学题材，只有题材合适了，才能达到更好的育人效果。

2. 教学活动的精心组织

不管是生活教学还是社会教学，都是很好的教学方式，在合适题材的引导下也能够产生很好的红色文化教育效果，但是考虑到小学生的身心发展尚未成熟的特点，因此还需要精心组织，尤其要注重安全与引导，才能达到预期效果。

第三节　环境建构

一、构建趣味氛围课堂

作为人文学科，语文应该是充满趣味、充满魅力的。不少小学生之所以不喜欢语文课，是因为语文课要求记忆背诵的内容多，并且有很多需要抄写默写的作业。为了让小学生爱上语文课，我们应该致力于提升语文课堂教学的趣味性。小学语文趣味性的提升，可以从教师、学生和信息教学手段三个方面入手。

（一）教师幽默生动的教学语言提升课堂趣味性

教师是课堂教学的组织者、管理者和引导者，教师的教学语言是语文课堂教学最重要的工具。有些语文教师，从新课导入到教学结束，基本上按照教材设计的流程来，整个语调也保持着一种不紧不慢的节奏，这样的语文课是乏味的，学生听课的过程中甚至可能会出现昏昏欲睡的感觉。作为小学语文教师，应该知道，小学生的好奇心比较重，注意力集中难度比较大，若是觉得教师讲课乏味，就很容易走神。有些教师讲课之所以受学生欢迎，是因为这些教师讲课幽默有趣，能够用生动的语言来讲述课文中的内容。小学语文中有许多课文都有精彩的故事性，教师可以尽量采用讲故事的方式来上课，例如在部编版五年级上册就有《将相和》《猎人海力布》《牛郎织女（一）》《牛郎织女（二）》《"精彩极了"和"糟糕透了"》等许多带有强烈故事性特征的课文，语文教师在教这些课文内容的时候，完全可以不采用传统的先带着学生诵读，然后讲解字词句，并且阐述文章段落含义的方式来授课。以《将相和》为例，教师上课时，就可以说："同学们，今天我给你们讲一个故事，在中国有一个时代，叫作春秋战国时期，这个时期有很多的小国家……"小学生是很喜欢听故事的，通过讲故事的方式，迅速将学生引入课文学习中，教师将需要学的知识巧妙融入讲故事的过程中，学生在听故事的过程中，很自然就知道了《将相和》故事发生的背景，以及《将相和》所代表的内涵。若是在讲故事的过程中，学生还能够提出一些问题，那就是很好的教育教学契机，教师正好利用这些问题，引导学生学习书中所涉及的知识。教师要掌握幽默生动的教学语言并不容易，这需要有意识地进行积累，并且进行刻意的训练。以讲故事为例，为了讲好一个故事，教师可以下载一些视频资料，自己在家里反复学习，从故事结构、语言风格、趣味性等方面进行反复琢磨，将故事尽量讲得生动、有趣，这样才能吸引学生。

（二）学生通过游戏或表演教学方式增加课堂趣味性

小学生是喜欢玩游戏的，也乐于表演，这是孩子的天性，并且游戏和表演也属于学习方式的范畴。在小学语文课堂教学中，游戏和表演是增加课堂趣味性的有效手段。有些语文教师认为游戏和表演会影响教学进度，实则不然，游戏和表演能够提高学生的参与度，让课堂教学效率变得更高。游戏和表演教学的效果与参与度有关，参与度越高，教学效果越好。为了让更多的学生能够参与到游戏教学中来，游戏和表演教学内容可以尽量丰富。以《牛郎织女》为例，在上课之前，教师就可以提出游戏和表演的想法，先安排几个学生对课文内容进行改编，学生在教师的指导下，以教材内容为基础，结合自己找到的一些影视剧或视频资料，学生在改编的过程中，可以提出自己的想法，这是一种参与的趣味；将教材课文改编成游戏和表演之后，安排学生进行游戏和表演，除了角色人物之外，还可以增加辅助人物及旁白人，在表演的过程中，学生的精彩或者失误都可能成为一种趣味；剩下的学生，既没有参与改编，也没有参与表演，教师也要充分发动起来，让这些学生分别担任嘉宾、评委和啦啦队，甚至还可以设置后勤管理，帮助整理表演工具，等等。按照这一思路，几乎所有学生都可以参与进来。当学生表演完毕、评价完毕，所有学生相当于完整深入地学习了一遍课文，并且是充满趣味性的学习，因为每个学生都会发现，原来课文中的故事可以变得这么好玩，这么有趣。当然，游戏或者表演方式的课堂教学，需要尽量选择一些故事情节丰富的课文，并且需要进行合理的改编和调整，才能让学生都参与进来。

（三）通过信息技术教学手段的利用来提升课堂教学的趣味性

信息化时代来临，一名语文教师若是不能够合理地利用网络资料，不能汲取其他名师的智慧，就很难与时俱进，实现专业化成长。信息化对课堂的渗透是深刻的，影响是深远的。以古诗词为例，很多语文教师进行古诗词教学主要是基于两条标准：背诵和理解，能够熟练背诵古诗词，并且理解古诗词字词句和整体含义。古人学习诗词也是这种方法，然而当代小学生学习诗词的时候，采用这种方法教学，会让他们感到单调枯燥，并且会很难，因为仅凭小学生的知识结构理解古诗词含义的确有一定困难，很多学生只能通过死记硬背的方式来完成学习。在有了信息化教学技术手段之后，古诗词教学可以变得更有趣、更轻松一点。首先，教师可以下载一些古诗词朗诵的音频、视频文件在课堂上播放，名家对古诗词抑扬顿挫的朗诵，本身就是一种美好享受和体验；其次，教师可以下载或制作一些古诗词创作的背景视频，让学生在观看动画或者视频的过程中，就对诗歌的含义有直观的体验，比如《枫桥夜泊》，其意象清晰且寓意深刻，教师还可以展示日本寒山寺的石碑上面也刻有这首诗；最后，教师可以通过互动式微课方式，对学生进行一些有趣的与课文相关的知识测试，丰富学生的知识面，既不增加学生的课业负担，又能激活学生学习的兴趣。不过在利用信息技术教学手段增加课堂趣味性的时候，需要把握好一点：信息技术教学手段只是一种辅助手段，不是全部，教师可以利用这种教学手段，但是不能完全依赖这种手段，也不能碰到任何情况都采用这种手段。只有课文内容适合使用的时候，才合理选用。

在小学语文课堂教学中，课堂趣味性能够吸引学生的注意力，引导学生融入课堂学习氛围中。在具体的教学实践中，教师应该掌握幽默生动的课堂教学语言，学生可以通过积极游戏和表演的方式提高参与度，并且在合适的情况下使用信息技术教学手段，让语文课堂的趣味性更强，教学效果更好。

二、构建积极学习课堂环境氛围

（一）与生活对话——培养学生关心生活的积极性

小学语文教师在教学中培养学生的阅读积极性，让学生与生活对话，使学生开始留心生活，养成关心生活的习惯。学生能够结合生活的背景来感悟阅读，发表自己的感想。

在学习《北京的春节》时，为了使学生感受到北京春节的特点，让学生跟随作者的脚步来体会北京春节的特点，在教学中为学生展示了剪纸、灯笼等在春节庆祝活动中出现的事物，让学生说一说自己对春节的印象，促使学生探索课文。学生回想自己过春节的经历，表达了对春节团圆的期盼和与小朋友玩耍的渴望。接着让学生阅读课文，感受作者对春节的心情。学生阅读课文后，知道了作者借助文字介绍了北京春节，重点描述了腊八、小年、除夕、初一、元宵等节日的庆祝活动。学生在作者的语言表达中感受到了作者对春节的喜爱，想象到了作者笔下热闹、喜庆、忙碌的北京春节。学生理解了作者的情感，品味到了传统文化的韵味。这样，通过带领学生与生活对话，激发了学生关心生活的积极性。

（二）与问题对话——培养学生关心问题的积极性

小学语文教师在教学中培养学生的阅读积极性，让学生与问题对话，就像是在学生的学习池中投入了一颗石子，激起了学生内心的涟漪，使学生不再逃避，而是主动思考，寻求答案。

在学习《金色的鱼钩》时，为了使学生了解故事的内容，感受红军战士的精神，在教学中为学生设置了思考的问题：课文主要讲述了什么？课文为什么被命名为"金色的鱼钩"？这个鱼钩与老班长有怎样的关联？你从中体会到了怎样的情感？学生带着问题进行阅读思考，筛选出故事的主人公，知道这篇课文主要讲述了长征途中红军一个炊事班班长为了照顾生病的小战士，不惜牺牲自己的感人故事。学生通过分析老班长常常使用鱼钩来为大家钓鱼让大家有得吃这一情节，认为作者将文章命名为"金色的鱼钩"是因为鱼钩在老班长舍己救人之后，成了一个见证者，成了一个具有纪念意义的事物，就像是老班长的光辉一样，引人入胜。学生感受到了老班长崇高的品质和伟大的精神。这样，通过引导学生与问题对话，培养了学生关心问题的积极性。

（三）与实践对话——培养学生关心实践的积极性

小学语文教师在教学中培养学生的阅读积极性，让学生与实践对话，使学生融入了阅读中，帮助学生摆脱了对教师的依赖性，促使学生成为阅读的参与者和把握者。

在学习《只有一个地球》时，为了使学生学会珍爱地球，在教学中为学生设置了学习任务，让学生尝试创作一篇关于环保的文章，不拘形式，可以以故事、日记、读后感等形式呈现。学生为了写好作文，收集了大量的写作素材，力争从小事着眼，写出环保的重要性，呼吁大家参与到环境保护中来，为地球母亲做贡献。其中一位学生用文字记录了某条街道垃圾箱的变化，揭示了环境保护需要大家共同努力的道理，更具有生动性和真实性，吸引了大家的注意。学生纷纷表示会从身边事做起，参与到环境保护中来。这样，通过带领学生与实践对话，提升了学生关心实践的积极性。

第四节 教学方法

一、提高识字教学效率的教学方法

小学生识字越多，意味着阅读与写作能力提升得就越快，语文综合素养也在不断提高。识字能力培养主要依靠长期的积累，但是通过某些良好习惯的培养，也能够提高识字教学效率，促进语文识字教学水平的提升。

（一）引导学生养成阅读过程中自主识字习惯

小学生识字教学的主阵地是课堂，在小学语文课堂教学中，每一篇文章都有生字学习，学生会学习其读音，了解其写法及含义。然而，课堂教学中所接触和学习的字词终究是有限的，教师应授之以渔，教给学生基础的查询字词方法，注重学生自主识字能力的培养，尤其是养成在阅读中随时查字典识字的习惯，如此，识字教学效率会显著提高。

在语文教学中，学生在掌握了一定字词之后，就会在教师的引导下开展广泛的阅读，包括课内外阅读。提高阅读量是当代语文教学改革的一个趋势，即有意识地扩大学生的阅读面，促进学生阅读能力的发展。在阅读过程中，学生遇到陌生字词的概率较大，而部分小学生缺乏自主识字意识，在遇到不认识或者不理解的陌生字词时，有可能会选择略过，不愿意花费时间查询字词含义。在此种阅读模式下，小学生的识字数量与质量都难以出现有效提升。要想培养小学生的自主识字意识与习惯，则要求小学生在阅读过程中采用细读、精读的方式，遇到不认识的字词，切忌略过，而是要认真查字典，了解该字的读音与意义，并且要结合阅读材料去思考，该字词放在句子中究竟是哪种意思。宁可阅读速度稍微慢一点，也要尽量多识字，当识字数量达到一定标准之后，学生会发现阅读速度很自然就提升起来了。自主识字意识与习惯的培养，需要教师与家长共同努力。在课堂阅读过程中，当教师发现学生缺乏自主识字意识时，应主动引导他们关注阅读中遇到的陌生字词，然后教给他们查询文字的方法；在家庭阅读中，家长遇到陌生字词时，则应和孩子一起查字典（纸质字典和电子字典皆可），然后让孩子去寻找合适的含义，在阅读过程中达到识字的目标。

（二）督导学生形成习作过程中主动应用更多字词

小学语文有着丰富的习作训练题材，习作训练是学生综合运用字词的过程，他们不仅要懂得字的意思，还要掌握具体的写法，并且能够正确应用于句子当中。考虑到小学生识字数量有限这一情况，在习作训练中是允许他们使用拼音代替文字的。然而使用拼音代替文字仅仅为一种习作训练的过渡方式，最终还是要完全使用汉字来让学生表达自己的想法与理念。

在习作过程中，学生可以使用拼音代替汉字，这是合理选择。不过为了提高识字教学效率，教师可在学生习作训练中渗透识字教学。教师先鼓励学生在习作中使用足够丰富的词语，若学生没有掌握该词语，则暂时使用拼音代替。当学生习作完成之后，教师则以此为基础布置新的作业：要求学生在使用字典帮助的基础上，将习作训练作业中的拼音对应的文字一一找出来，看谁找得更多、找得更准。为了提高学生习作识字的积极性，教师可以设置一些奖励措施，如学生完成习作训练之后，在随后的拼音转文字过程中，看谁做得快、做得多、做得好。对于表现非常优秀的学生，可以给予一定鼓励。识字教学效率提高的关键在于应用，当学生用得越多，学生就越有可能掌握更多的文字，不仅能够认出来，还能够写出来并正确运用。在整个小学语文教学中，识字教学是一项基础教学任务，应该渗透到每一堂课、每一个教学环节。作为小学语文教师，要督导学生在习作训练中尽量达到预期识字目标，提高识字教学效率。

（三）指导学生掌握简单的识字技巧与方法

汉字数量很丰富，而且汉字发展一脉相承，因此汉字识字技巧相对较多。如汉字里面有形声字、象形字、会意字、指事字等，部分字之间存在一定关联，通过关联方式来进行识字教学，效率更高。当学生掌握了一定的识字方法之后，在识字过程中能够举一反三，迅速掌握相似或者相关联字的读音与大致含义，如此可以提高识字效率。

以最常见的形声字为例，形声字通常由形旁与声旁组合而成。在了解某一个字之后，就可以了解一系列文字的大致读音和含义。如学生学习了"青"字之后，就可以拓展到"清"，三点水旁，说明是与水有关，如清洁、清澈、清亮等；"情"，竖心旁，说明与心理情感有关，如感情、爱情、深情等；"晴"，日字旁，说明与太阳有光，如晴天、晴朗等；"睛"，目字旁，说明与眼睛有关，如点睛之笔、画龙点睛等；"蜻"，虫字旁，说明与虫子有关，如蜻蜓等；"请"，言字旁，说明与语言礼貌有关，如邀请、请客等。除了上述之外，还有很多类似的形声字，当学生学习了其中某个形声字之后，就可以对与之相关联的字进行拓展学习，这样有利于拓展识字面，了解和熟悉更多的字词。当然，除了形声字之外，还有同义字、同音字等，它们之间都是有关联的，教师在识字教学中都可以合理融入渗透，达到提高识字教学效率的目的。信息时代，识字教学视频特别多，其中某些趣味性很强，当代小学生也比较喜欢玩手机，家长可以引导他们多关注一些识字视频，在趣味休闲中提高识字效率。此外，在小学识字教学中还有一些童趣歌谣、顺口溜等，实用性很强，教师在识字教学中可以酌情应用，激发学生的识字兴趣，提高识字教学效率。

识字是一项基本学习任务，也是一个重要学习目标。小学语文教师要充分利用各种方法提高识字教学效率，让学生掌握更多的文字，从而为语文素养提升与语文知识建构打好基础。不管是自主识字意识与习惯培养，还是识字方法与技巧掌握，抑或是在习作训练中融入识字教学，其目的基本一致，都是提高学生识字效率，让学生掌握更多汉字。

二、口语交际能力提升的教学方法

当代社会非常重视合作交流，口语交际能力是语文教学实践过程中着重培养的一项基础能力。口语交际能力训练与提升，不仅有利于提高学生的语文成绩，而且对其以后在社会中的发展颇有益处。提升口语交际能力要从小学生抓起，并且要掌握相关口语交际能力提升技巧，方能取得更好的成果。

（一）小学生口语交际能力发展存在的现实问题

重视口语交际能力培养是一种趋势，然而现实中口语交际能力发展情况却并不十分理想，小学生口语交际能力培养与发展存在如下几个显著问题。

问题一：不敢说。部分学生性格内向，表达欲望不强，不擅长与人进行口语交际沟通，甚至会产生羞怯心理，尤其是在公共场合进行表达存在困难，害怕自己说得不好被人耻笑，所以不敢说。

问题二：不会说。部分学生虽然愿意进行口语交际，然而在表达过程中缺乏逻辑与重点，有时候说了很多话，却没有达到预期交流目标，甚至事情本身或者想法都没有阐述清楚，所以不会说。

问题三：不愿说。部分学生喜欢把想法闷在心里，而不愿意主动与人进行沟通交流，不愿意把自己内心的感受和想法与人分享，或者愿意交流的人仅有一两个，尤其是在与陌生人交流中存在困难，所以不愿说。

（二）培养和发展小学生口语交际能力的技巧

根据以上出现的几个问题，结合小学语文课程教学内容，运用一些技巧来培养和发展小学生口语交际能力，既改善教学效果，又发展语文素养。

1. 鼓励学生说

让学生敢说是培育发展口语交际能力最基本的前提。学校、社会和家庭要为学生口语交际能力发展创造一个良好的环境，教师、家长和社会人士要友善对待小孩子，即使他们在口语交际中表现不佳，也要以鼓励肯定为主，尽量少使用负面评价，因为那样很容易挫伤小学生口语交际的积极性。

教材为学生口语交际能力提供了良好的示范，统编版教材四年级上册第八单元口语交际训练的内容为"讲历史人物故事"。小学生在日常生活与学习中，会接触到不少的历史人物故事，但是由于年龄阅历问题，他们讲的历史人物故事会比较简单，同学、小伙伴、教师与家长是他们最常见的倾听者，尤其是教师与家长，作为成年人，要给予孩子合理的鼓励。某学生在进行这一主题的口语交际训练时选择的是《精忠报国的岳飞》，家长为了让孩子讲好故事，提前下载了一个简单的岳飞精忠报国的故事视频，和孩子一起反复观看。等到孩子感觉差不多熟练了，一家人坐在一起，听孩子讲故事。孩子一开始有点紧张，讲故事的节奏有点忽快忽慢，而且很多重要内容会漏掉，这时候家长会给他一个鼓励的眼神和微笑，先不要在乎孩子讲得好不好，只要他有勇气坚持把故事讲完，就是一种进步。在把故事讲完的基础上，再和孩子进行交流讨论，看看故事的完整性，是否遗漏了某些重要情节，然后一遍遍地提升，最终让孩子敢于大胆地讲，表达自己的想法。经过多次训练之后，孩子不仅敢于说，而且口语交际能力的水平也会稳定提升。

敢于说看似简单，实际上并不容易。在现实中，很多学生不敢说或者不愿意说，都是有一定原因的。当学生存在不敢说的问题时，很多教师在反复提携无果之后可能会无奈选择让学生少说，因此让学生敢于说需要教师和家长共同努力，当学生在家里敢于说之后，就会积累一些口语交际的知识，并且形成一些口语交际经验，慢慢地，在学校交流也会更加积极。

2. 教会学生说

对小学生来说，敢于说只是第一步，最关键的还是得会说，只有会说，才能让语言成为交流和表达的好工具，从而达到预期交际目的。口语交际技巧的训练，也是在一点点积累与反思中形成的，教师要教会学生说，在日常教学与谈话交流中，将口语交际技巧渗透进去，让学生一点点学习和领悟。

实践是最好的训练。统编版教材五年级上册第一单元口语交际训练的主题是"制定班级公约"，这是一项集体交流与沟通的活动。教师主要起组织、引导与指点的作用，具体工作内容为放手让学生去进行沟通交流，最终达成一致意见。作为班级公约制定的管理团队，可以由班干部组成，他们负责宣传班级公约的基本要求与理念，并且要让学生理解班级公约的价值与意义，这对他们而言是具有一定考验性质的。他们不仅要完整且具体地阐述班级公约相关知识，还要通过说理方式让其他同学接受，最重要的是他们还需要收集反馈同学的意见，然后与教师进行沟通交流。对于普通学生来说，则要在具体班级公约内容上表达自己的意见与想法。不管是基于个人利益考虑还是基于公共利益考虑，每个人都可以表达自己的意见，因为这是维护自己权益的一种途径。如某学生想要求进步，但是自己成绩较差，于是要求老师和成绩较好的同学在作业等方面为学困生提供帮助。该学生敢于提出这个要求，颇有勇气，但是这一要求需要得到大家的认可与肯定。于是教师给他一个解释与说明的机会，他在讲台上以"共同进步"为理由，认为班级是一个整体，每个人都是班级重要成员，因此班级发展需要共同进步，学习好的同学帮助学习不好的同学，对双方都好，对班级也好。他的理由很有说服力，同学们很快就统一了意见，同意加入此条公约。

口语交际有许多技巧，或思维逻辑清晰，或语言抑扬顿挫，或情感抒发强烈，等等，针对不同的口语交际应用场景，学生可以采用不同的口语交际技巧。小学生口语交际技巧的学习，主要通过实践方式进行。当他们在口语交际实践中发现某种口语交际方法比较实用之后，就会不断完善该方法，最终形成一种能力。如某学生发现在鼓动同学做一些事情的时候，煽情比讲道理更管用，他就会有意识地在遇到类似场景时选择这一口语交际技巧，这就是一种能力的提升。

语言是一门艺术，口语交际则是一种艺术表达。作为语文教师，要注重提升学生的口语交际能力，让他们敢于说，更要让他们善于说，不管是抒情还是说理，都可以达到较好的口语交际效果，实现沟通目的。

第五章

小学语文课堂视频案例切片式观察应用探索

在小学语文教学中，视频案例切片观察既是教研手段，也是提升教学质量与品质的有效途径，其最终应用还将与各种教学实践结合起来。基于此，探索具体应用，颇有现实价值。

第一节　教学情境创设

　　小学生的思维倾向于形象思维，因此通过情境创设的方式可以丰富小学生的学习感受与体验，让他们在具体情境中进行学习，这对于改善小学语文教学质量是一种有效的方式。在小学语文教学中，创设趣味性情境、体验性情境以及虚拟化情境等，都能够在一定程度上活跃语文课堂教学，提高教学效率。语文作为人文科目，注重对学生人文精神与语文素养的培养。低年级小学生思维活跃，但是阅历少，因此对于课文中相对深奥的道理，他们理解起来有一定困难，这会在一定程度上影响课堂教学效果。在小学语文教学中，为了达到更理想的预期教学效果，可以采用主题情境创设方式进行教学，在情境中设计合理的教学任务，从而提高语文教学效率与品质。

一、创设趣味性教学情境，激发学生兴趣

　　在小学语文教学中，有不少内容本身具有很强的趣味性，也有很强的故事性，若是在教学时将其创设为趣味性情境，则学生的学习兴趣很容易被激发，从而让教学氛围变得活跃，学生的学习参与度也会显著提高。趣味性情境创设有故事情境、游戏情境等具体方式，教师可以根据实际情况进行选用。

　　二年级的《小马过河》是一篇颇有童趣，同时也有一定哲学思维意味

的文章。在教学时，可以安排一个学生扮演小马，他会非常高兴地驮着麦子过河。教室里通过粉笔画线的方式来设置一条虚拟的河，然后其余的小朋友分别扮演小马的妈妈、老牛以及小松鼠。当然，教师也可以根据教学实际情况，增加一些趣味性角色，目的是让更多学生能够参与到游戏情境中来。为了让游戏更有趣味性与真实感，不同角色可以穿戴不同面具和服饰来进行表演。具体游戏内容的创设，可以根据教材引导学生将整个课文内容演绎出来。由于采用了趣味游戏情境创设方式，学生的参与兴趣比较浓，毕竟比传统的上课听讲更有意思、更有趣味。对语文教学而言，学生由于有了体验感，理解起课文中的意思也会更加轻松。在学习这篇文章的时候，目的是鼓励学生在遇到不太确定的事情时，要听别人的意见，但更重要的是要自己去勇敢尝试，才能够真正了解事情的具体情况；同时也讲述了一个道理，不同的人在看待分析同一个事物的时候，由于个体情况差异，所以导致最终给出的观点是有差异性的。教师在创设情境时也将这些道理融入其中，并引导学生进行思考：现实中是否有这样的例子？有的学生回答："有，我吃李子的时候，爸爸说酸，妈妈说不酸，我吃了之后，才发现他们说得都不对，李子只有一点点酸。"由此可见，趣味性情境创设中，学生学习兴趣高，参与度高，对于课文的理解会更具体和深刻。

二、创设体验性教学情境，丰富学生认知

小学生的学习活动是强调体验的，体验越具体、越丰富，他们学起来就越轻松自如。体验性情境创设一般有实践体验、描述体验等具体方式。部分语文教材中的内容记录的就是创作者的生活体验。小学语文教学活动中，部分内容可以采用体验性情境创设方式，让学生在熟悉的情境中学习与进步。

小学四年级的《乡下人家》是一篇描写乡村风光与生活的文章，作者用朴实的笔触描写了乡下人家"种菜种花""养鸡养鸭"的生活，当然

也有散步、吃饭等场景，展示了田园生活情趣。如今大部分小学生都生活在城镇，居住在小区中，对于田园式的农家生活并没有太多体验。在学习这篇文章时，若是教师能够创设一种体验性的情境，不仅可以让学生感受一下乡下美好的田园生活，也会对文章的学习产生一种积极的促进作用。在上课之前，教师就可以给学生提前布置一项作业："若是周末有空的话，可以让你们的爸妈带着你们去乡下亲戚家玩一玩，拍点视频或者照片。"然后教师也收集整理一些乡下田园生活的图片与视频，为课堂教学做准备。到了上课时，教师可以设计这样的环节："我们来比一比，说一说大家所知道的'乡下人家'的生活"。对于本身已有实践体验的学生来说，引导他们拿出自己所拍的照片或者视频，然后讲述自己在乡下看到的有趣的事或者说说自己的感受。对于尚未有相关体验的学生，则用描述体验的方式，引导他们根据教师提供的图片或视频，说说自己喜欢什么样的乡下生活，以及自己想象的乡下生活是什么样的。由上可知，实践性体验情境更加具体，它需要依赖于某种现实经历，而描述性体验情境则带有一定的想象特色。通过这种体验性教学情境创设，学生在脑海中就会不断完善对乡下生活的认知，从而在学习课文时也会更得心应手。体验性情境的创设，让学生能够意识到原来书本上的内容与现实世界也是有着密切联系的，从而引导他们去关注身边的事物，丰富自身的体验与感受。

三、创设虚拟性教学情境，充盈学生感悟

虚拟情境的创设，目前主要是与教育信息技术有关，或许在未来随着虚拟现实技术的进步，虚拟性教学情境创设会有更好的效果。教师运用视频、音频等资料来展示一个生动的虚拟教学情境，让一些本来无法完全通过课文图文描述让学生明白的内容在虚拟世界中活灵活现地展示出来，即便学生不走出课堂，也可以在虚拟教学情境中感受丰富的世界。

在小学三年级《大自然的声音》一文学习过程中，文章从"风""雨

（水）"和"动物"的角度来描写了大自然的声音。大自然的声音是美妙的，文中的文字描述也是精彩的。然而考虑到小学生阅历尚浅，仅仅通过阅读文字的方式还是难以真正领略大自然的声音之美。面对这种情况，教师不妨采用虚拟性教学情境创设的方法。如要展示大自然的"（雨）水"声音，教师可以通过互联网平台收集和整理相关的声音，如小溪流的声音、大江大河的水流声音、下雨的声音（包括大雨和小雨的声音）、海浪的声音、瀑布的声音等，然后将其整理剪辑好。在课文讲述到相关部分时，通过视频和音频的方式将这些声音播放展示出来，远比纯粹的口头讲述要更有感染力，学生就会产生一种具体体验。有了这种虚拟情境体验，学生再去看书中描述声音的文字，就能够很好地与所体验的声音对照起来，从而有利于学生认知的建构。同样，在动物的声音方面，文中写到了"鸟叫""虫鸣"和"蛙鸣"，对于部分缺乏乡村生活体验的学生来说，他们或许平时能够听到"鸟叫"，但是对于"虫鸣"和"蛙鸣"却是没有具体的印象。教师通过播放相关的音频、视频，学生就会产生一种"沉浸式"体验，仿佛真正身处大自然中，也会对动物的声音之美有更真实的感悟。当然，教师也可以多找一些动物的声音，进一步丰富信息情境构建，让学生的体验进一步丰富。比如鸟叫，不同的鸟的叫声会有差异性，而且一只鸟与一群鸟的叫声也不相同，教师可以多展示一些，让学生有更多的具体了解与体验。在小学语文教学中，情境创设是一种活跃课堂、丰富学生感悟与体验的教学方式。

四、生活主题情境创设与任务设计

对低年级小学生来说，最熟悉的情境莫过于生活化情境，将生活中发生的每一件事作为教学设计的来源，可以让学生有一种参与感、体验感与熟悉感。低年级小学语文教学内容中，也有诸多与生活相关的，因此基于生活主题创设教学情境，然后在情境中合理地设计一些教学任务，学生很容易参与并融入情境中，有利于改善学习。

《找春天》是一篇生活气息很浓郁的课文，因为春天就在每个人的身边，但是小学生平时并不会去主动关注春天。若是在教室里采用传统教学方式来讲解这篇课文，小学生虽然能够完成学习任务，但是对于春天的理解依旧是基于概念的，缺乏具体的真实的体验。考虑到小学生们天真爱玩的特点，教师不妨将课堂从教室里转移到校园中或者郊区，带着孩子们在现实生活中找春天。在《找春天》一课中，教学任务可以设计为三个：第一，对于生字生词的学习，这一个教学任务可以在教室中完成，也可以将其制作成图文卡片，在体验情境中寻找合适的契机展示学习。第二，培养学生的观察力，让他们学会从生活中去观察事物，体验事物，并指出某些特点。第三，培养学生的审美素养，丰富他们的情感体验，让他们对美好事物产生联想与喜爱。

教师带着孩子们去寻找春天，从树枝的嫩芽、从刚钻出地面的绒绒的小草，都可以看到春天。教师可以引导学生："小朋友们，你们闻一闻，空气中有没有一种春天的味道？是什么味道？"有的小朋友说是花香，有的小朋友说是草香，还有的小朋友说是一股冷冷的又不是特冷的味道。教师带着小朋友们，在听觉方面，听风吹的声音、树叶动的声音，还有春天鸟叫的声音；在视觉方面，看花开，看树木和草儿的嫩芽，看蓝天白云，看远处的山青翠，看溪流及其中的鱼儿；在嗅觉方面，闻一闻花草独特的清新味道，还有各种春天的气息。有了这种带有强烈生活气息的真实体验，学生再学课文，就会感觉到课文中的内容是活的，学生的脑海中会产生一种直观体验。

由此可见，生活类情境创设，学生在其中学会观察、学会审美，这对于他们学习语文而言都是很重要的。

五、游戏主题情境创设与任务设计

低年级小学生最喜欢玩游戏，这是儿童的天性。在游戏中，他们会感觉比较随意和自在，同时也会在游戏体验中获得成长经验。在低年级语文教材中，选取的不少课文也颇具童真趣味，对于其中部分故事性很强的内容，可以采用游戏主题方式来创设学习情境，针对性地设计成长学习任务，让学生更有学习语文的兴趣。

《小蝌蚪找妈妈》是一篇比较经典的、适合采用游戏方式创设主题情境的文章，通过游戏的方式，学生们容易产生一种情境体验感与代入感，从而在游戏中学到想要的知识。教师在创设游戏主题情境之前，先要确定三个教学任务：第一，这篇文章有许多动词，如"甩""迎""蹦""跳""蹲""追"等，学生们通过学习，掌握了这些动词特点及其对应的状态，并且能够进行简单的应用；第二，渗透一种主动探索思考的思想，小蝌蚪想要找妈妈，它们就会主动去找，并且在寻找的过程中不断丰富自己的认知；第三，变化的思想，即个体的成长是不断变化的，因此认识事物也需要基于变化的观点和思维。确定了教学任务之后，就可以进行对应的游戏情境创设了。

安排部分小学生扮演小蝌蚪，可以提前制作一些带有蝌蚪特色的面具，增强游戏体验感。基于教材构建游戏顺序，学生扮演的小蝌蚪随着情节的推进，展示出各种游戏动作，从而实现对动词的学习。在路上会遇到各种动物，游戏过程中会融入礼貌且友好的文化，在游戏中的交流，会让小蝌蚪们一点点了解妈妈的外貌特征，为最终找到妈妈而奠定基础，这就是主动探索思考的能力。当然，在最后找到妈妈的时候，小蝌蚪发现自己不知不觉变成了小青蛙，最后小蝌蚪统一变换成小青蛙的面具，这就是思想变化的体现。整个游戏过程中，学生们玩得很开心，同时对于课文学习目标的实现也有比较好的效果。

由此可见，通过针对性与趣味性的游戏设计，将教学任务设计巧妙地融合在游戏中，可以达到比较好的学习效果。

六、信息主题情境创设与任务设计

信息主题情境创设是指采用信息技术来创建主题情境，如此可以展示更丰富的情境信息，从而活跃课堂氛围，增强学生的体验感，拓展他们的认知视野。在语文课中，有些内容是离学生现实比较远的，因此采用信息技术手段进行情境构建，对于学习任务目标实现是有帮助的。

在《日月潭》一文中，主要教学任务是为了让学生了解日月潭，对我国大好河山的美丽产生一种自豪感，同时也可以让学生了解台湾是我国领土，培养学生的爱国情感。同时，日月潭的美也可以激发学生的审美情趣。不过对于绝大部分小学生来说，他们在现实中是没有到过日月潭的，因此缺乏相关知识背景的建构。仅凭教师讲授，学生是无法领略到日月潭的景色魅力的。这时候，教师就可以采用信息技术来创设主题情境，日月潭作为台湾地区的著名景点，在网络上有很多景观拍摄视频，是从不同的角度进行拍摄的。教师在上课之前，就可以选择一个与教材契合度比较高的日月潭的介绍视频，然后在上课之前给学生播放，让学生先观看视频。学生在观看日月潭景色的视频之后，就会产生相关的文化背景认知，接下来的教学就会变得更加容易。

不过，采用信息技术手段构建主题情境时，有一点需要注意，就是信息技术手段只能作为辅助手段和工具，教师可以将其融入教学流程中，但不能完全以信息手段为主。如在《日月潭》一课中，视频展示方式构建的教学情境，能够让学生产生一种身临其境的感觉，可以在一定程度上培养学生的审美情趣。然而对于学生爱国主义情感的培养，还需要教师有意识地进行提示，或许对于小学生来说，他们暂时还不能深刻理解爱国主义，但是提前做一些讲解，对他们以后养成爱国主义精神是有益的。

由此可见，信息技术构建教学情境对于某些课文的学习是非常有价值的，毕竟它可以展示丰富的内容，让学生产生一种沉浸式体验，让学习更有体验感。

在小学语文低年级教学中，通过生活主题情境创设、游戏主题情境创设以及信息主题情境创设等方式，将教学任务目标融入其中，可以提高教学效率，改善教学效果，促进学生语文素养的提升。通过趣味情境、体验情境和虚拟情境的创设，构建了一个趣味性的、有着直观感受体验的学习情境，课堂学习变得更加生动，学生也会对所学知识产生更具体深入的认知、理解与感悟。

第二节　习作能力提升

　　对部分小学生来说，习作是一件头疼的事情，习作课上，提起笔来，要么就是不知道想写什么和该写什么，要么就是心中有想写的却不知道从何下手。习作是语文综合能力的体现，也是语文课程注重培养的一种核心表达能力。在语文学科核心素养导向下，有针对性地提升学生的习作技巧，不仅能改善语文成绩，而且有利于学生习作表达水平的提升。在小学语文教学中，习作水平是语文综合能力的体现，它要求学生不仅能够熟练运用所学的语文知识顺利地完成一篇习作文章，而且要求语言流畅，布局合理，并且融入个人想法与情感，同时整体上还要符合逻辑。部分小学生对习作训练有一定的畏难情绪，导致习作教学质量不高，因此教师要想办法提高习作训练质量，帮助学生打好语文基础。

一、在模仿中提高语言应用能力

　　语言应用能力是指应用语言文字的能力，它属于语文学科核心素养的组成部分，也是习作训练的一种基础能力。从通俗的角度来理解习作，即习作是合理恰当地运用语言文字对物体、事件等进行合理描述，并展示心中的情感、观点与想法等的过程。小学生的语言文字应用能力得到提升，其习作水平发展也就相应地变好。由于小学生阅历有限，加上本身语言应用能力尚处于发展初期，因此模仿式习作是提高语言应用能力的有效途径。

　　语文教材中选编的作品大都有较为显著的写作特色，为小学生模仿习作训练提供了很好的借鉴。学生习作时，对教材课文的模仿既可以是对其某个写作技巧细节的模仿，也可以是对其行文布局的模仿。对于写作细节的模仿，比如学生在学习了《太阳》一文之后，也模仿这种风格来写月亮："在中国古代，有一个美丽的传说：在月亮上有一棵桂花树，还有美丽的嫦娥和可爱的玉兔。其实，我们知道月亮就是一个荒凉的星球，上面没有氧气，也不可能种树，更没有动物，玉兔又怎么能在月球上活下来呢？"这种写作方式是从古代的传说引申切入，然后开始进行一种科普方式写作，学生进行模仿写作，自然是合适的。对于文字写作布局思路的模仿，比如学生根据《记金华的双龙洞》来写自己的游记："暑假，我在乡下的外婆家，游览了他们附近的一座小山。从外婆家出发，向北走，路边都是水稻田，走了四公里左右就到了山脚下。……然后就到了山腰，山腰有一些供人休息的石块垒的台子。……最后我们爬上了山顶，山顶有葱葱郁郁的树木，而且站在山顶可以看到远处的东西都变小了……"也是根据"移步换景"的方式进行描写，虽然习作的行文布局思路是模仿的，但是内容与感受体验不一样，因此是学生学习与模仿的进步，意味着他们掌握了一种语言应用技巧。实际上，语文习作训练就是"（再）学习—模仿—改进—创新—再学习"的一个循环进步提升的过程，任何一篇文章都有值得借鉴模仿之处，学习时或可进行特色表达的模仿，或可进行行文布局的模仿等，在模仿过程中，学生的语言应用能力也会进步，最终体现为习作水平的提升。

　　在模仿性质的习作中，教师一定要给学生说清楚"模仿"与"照抄"的区别，模仿是根据其特征用自己的语言表达，是对语言应用能力的一种训练提升；而照抄是一种抄袭行为，学生不会启动自己的思维，因此语言能力不会得到发展。因此，学生模仿习作是允许甚至被鼓励的，通过模仿可以不断进步，最终形成属于自己的习作表达能力，而抄袭则是被禁止的，因为抄袭不仅不道德，而且让学生的思维变懒，不愿意思考。

二、在创作中体现审美鉴赏能力

在语文学科核心素养中，审美鉴赏能力有着独特的意义，它让学生能够领略、感知到文学作品中的文化、艺术等层面的魅力。在小学生语文习作训练中，学生不仅要能够运用语言文字描述事物和表达想法，而且应该让习作作品给人一种艺术的、美的享受。对同一件事情的描述，既可以是流水账式的记录，干瘪无趣；也可以是条理分明且情感丰富的展示，笔尖生花。习作，实际上是学生的一种文学创作，因此有必要引导学生在其中体现审美鉴赏能力。

语文习作注重的是学生创作，学生创作需要展示或者沉淀一种美感，这种美感或是来自描述，或是来自理解，或是来自感悟。同样是写校园中的一棵树，不同的学生可以体现出不同层次的习作水平，有的学生平铺直叙，有的学生则能写出美感，甚至从不同的角度来展现美感。平铺直叙的描写方式："校园中有一棵大树，长了很多年了，很大，枝叶也很多……"基本上都是采用白描式的写作，语言缺乏特色，都是最常用的语言，虽然没有太多错误，但是也没有阅读的惊喜。阅读之后，也难以勾勒出具体的形象。有的学生从外形、色彩角度来展示美感："在校园的东南角，矗立着一棵大槐树，它的树干笔直地指向天空，一层层粗糙的树皮，展示了它被岁月洗礼的模样。每年春天，毛茸茸的黄绿色的叶子从干枯树枝冒出来。随着夏天的到来，树叶也变得油绿油绿的，给人带来一种清凉感。初秋的树叶变成了墨绿色，而深秋则开始逐渐泛黄，直到冬天就完全变黄掉落了。"相对于平铺直叙的描写，这种写法能够展示更丰富的内容，更有利于在阅读时勾勒出具体的形象，带有一种艺术的美感。也有学生从拟人角度来展示一种生命之美："在校园的角落里，孤零零地站着一棵槐树，它身边没有其余的树。然而，它却为我们提供了一个欢乐的空间。我们在树下游戏的时候，围着树跑，它的叶子也会在微风的吹拂下发出哗哗的声音，似乎它也在和我们一起欢笑；当我们放学后，对着它招招手的时候，它也会摆动枝条，似乎在跟我们告别，并且欢迎我们明天再来树下玩。"在这个学生的笔下，树带有了情感，具有了某些人格特征，因此让文字具有了某些不一样的美感。学生习作训练中能够展示出一种审美鉴赏能力，就是学生习作水平的体现，更契合了语文学科核心素养培养的要求。当然，审美鉴赏能力要求学生不仅能够准确地描述表达，而且要用富有情感与思维的笔触进行勾勒。

对学生展开习作技巧训练，目的之一就是让他们能够创作出更有表现力、更有艺术感的文学作品。要做到这一点，就需要提升学生的审美鉴赏能力，在平时的语文教学中，要引导学生领略书中的文化艺术之美。当学生具有了审美意识与鉴赏能力，在习作中就会自觉地运用这种技巧，让自己的文字具有一种精神或者文化层面的美感。同样题材的习作训练，拥有审美鉴赏能力的学生，自然在表达水平与质量上会表现得更为优秀。

三、在思考中丰富文化理解能力

不少小学生在习作中有这样一个现象：拿到习作题目之后，就迅速拿起笔然后根据自己的印象开始写，写着写着，忽然发现自己不知道要怎样写了，于是写作进程就会出现卡顿，甚至无法写下去。习作训练是一种综合了思考与动手双重要求的学习进步方式，只有思考不动手，自然写不出好作品；然而匆忙动手而不进行思考，自然习作品质也不高。或许对于小学生来说，他们对于文化的抽象理解能力不强，但是在习作中不能缺乏思考，应逐步提升文化理解能力。

真正的写作一定是在文化层面上的理解，小学生虽然暂时无法做到这一点，但是教师需在习作训练中有意识地引导学生。在小学生习作训练中，"记一件有意义的事""难忘的一件事""我最熟悉的一个人"等习作题目都很常见，有的学生看到题目之后就立刻开始写，或是根据自己的记忆来写，或是根据自己读过的内容来写。也有一部分学生在看到题目之后，会思考一下："为什么这件事有意义？""为什么这件事难忘？""事情的特点是什么？""写一件事如何才能写清楚？写得更好？"学生的此类思考实际上就是一种在习作时进行的简单文化思考，虽然小学生暂时还没有能力从更宏观、更抽象的文化层面思考，但是具备这种思维习惯就是一种好现象。经过思考之后，学生下笔进行具体习作就更有指向性，也更完整。比如写"难忘的一件事"，就会写清楚这件事是什么事，事情的起因、经过与结果是什么，它为什么难忘，对今天的我有什么用，等等。当学生进行思考之后，实际上习作时就会体现出不一样的文化理解能力与水平，作品也会更有文化底蕴。对不少小学语文教师来说，习作教学训练中最头疼的一个问题就是学生总是用最干巴的语言写最简单的事，很难融入自己的思考，缺乏文化理解意识。如写作"难忘的一件事"，有的学生这样写："我最难忘的一件事是……这个事情是这样的"（然后就是对事件的简单且松散的描述，虽然基本上把事情大致写出来了，但是缺乏核心观点，也不知道难忘的表现是什么，更不知道为何难以忘记），造成这种情况的原因就是习作时缺乏思考。有的学生思考之后这样写："有一件事，在心中很久了，我一直难以忘记。我之所以难以忘记，是因为……这件事情发生在……经过这件事情之后，我觉得我应该吸取一些教训……时至如今，我依旧常常想起来这件事，它对我的成长有着特别的意义。"学生不仅写清楚了"难忘"的表现，而且写出了"为什么难忘"，再结合对事件本身的描写，自然就让习作作品具有了更高的质量。

在习作训练过程中，引导学生思考文化层面的意义是必要的。小学生虽然文化思考力相对较浅较弱，但是随着年龄增长与知识累积，其文化思考力也会逐渐提升。在小学语文习作训练中，重要的是引导他们养成思考的习惯，如此，他们在每一次习作时，都会渗透某种文化层面的思考，即便是粗浅的、淡薄的，也不要紧，因为以后会不断进步的。

四、引导小学生学会仔细观察积累习作素材

习作最基础的素材来源于现实生活，生活中的一切都可以成为习作素材。现实生活的内容能否成为习作素材，与观察能力的高低有一定关系。有的小学生善于观察，尤其重视细节观察，因此在进行某一个主题的习作训练时，能够展示出不一样的细节；有的小学生不善于观察，缺乏细节体验，也无法激活情感，在习作训练过程中很容易遇到无法下笔的情况。

教师在课堂教学过程中就应引导学生仔细观察，学会从细节上来描述一件事情、一个物品，或者阐述一个想法。如统编版教材四年级上册第三单元的习作题目为"写观察日记"，该单元的《蟋蟀的住宅》是经典的科普说明文，充分展示了作者观察之细致。在上课的时候，教师就可以以自己为观察样本，引导学生进行详细观察，让学生说出观察到的特点。这是一个非常好的教学场景，学生既可以根据过去的认知进行观察印象阐述，也可以进行现场观察。在观察的过程中，有的学生比较粗枝大叶，除了能说出身高、衣着等简单形象之外，就说不出更多的内容了；有的学生则相对细腻，能够说出教师的一些习惯，如上课时相对严肃，而课外则微笑更多一点；还有部分学生观察非常细致，甚至观察到教师捏粉笔的手势，或者心情好坏时面部表情的不同。毫无疑问，后两类学生在写观察日记的时候，会有更多的内容可写；第一类学生则观察日记内容相对普通枯燥。通过训练学生的观察能力，提高他们的观察技巧之后，他们就会在写观察日记时给教师更多的惊喜。如某个学生这样

写一棵树："公园里的一棵树，它的色彩是变化的。春天时，嫩黄带绿的芽儿从干巴的树枝中钻出来，春风一吹，黄色减少，绿色变多。夏天变成了一种鲜亮的绿色，在阳光下闪亮。到了秋天，先是墨绿，然后逐渐从边缘开始变黄，最后在冬天落到地上，变成枯黄的颜色。"这名学生观察得很细致，所以能够抓住细节变化，在习作训练中表现得更为出色。

五、鼓励小学生基于合理模仿进行习作训练

模仿是初步进行习作的重要方法，也是合理提升质量的路径。前人写文章的智慧与经验，应当成为当代小学生学习语文的核心养分。小学教材编写基本上按照一个单元一类主题的方式，因此在该单元的习作上，也是有针对性地出了与该单元文章主题相关的题目。由于是同一类主题，因此为习作模仿提供了借鉴和前提。

记叙文是小学生习作的重要类型，而风景与景观描写是其中的一个重要内容板块。统编版教材四年级上册第一单元所选择的文章都是基于某一独特景观的描写，该单元的习作训练题目为"推荐一个好地方"。学生在之前学习该单元文章的时候，就已经了解了环境景观描写方法与技巧，如借景抒情、衬托比喻等，同时也熟悉了一些景观描写的词语等，这一切都为习作模仿提供了条件。学生在反复诵读单元文章之后，教师可以引导学生进行习作模仿。有学生模仿《观潮》的开头："家乡的小溪，一直以来都是孩子们的乐园。"然后在习作训练中也模仿使用比喻："傍晚的小溪，夕阳照在水面上，微风起时，如同散碎的金色鱼鳞在水面波动，一闪一闪的格外好看。"也有学生在习作中模仿《走月亮》的行文结构，并略有改变："我知道一个好地方，那是一个美丽的地方。……（省略号是习作中间的内容，此处不细说）我知道一个好地方，那是一个梦想的地方。……我知道一个好地方，那是一个充满活力的地方。"当学

生有意识地模仿名家写作手法与技巧进行习作训练时，意味着他开始熟悉与消化所学的文章，这是一个好现象。只要不是原模原样地抄袭，教师都应予以鼓励与肯定，还可以帮助其进一步改进，指出模仿之不足，引导其提升。

六、推进小学生广泛阅读书籍提升习作技巧

教材能够提供的习作模拟材料毕竟有限，学生要养成广泛阅读的习惯，当代语文教育改革趋势也是鼓励学生要大量进行课外阅读。熟练阅读是提升习作技巧的不二途径，作为小学生，在广泛阅读过程中，一方面可以累积各种习作素材，如名言警句、故事情节等；另一方面则可以让学生熟悉各种写作手法，拓展习作思维与眼界。

阅读分为课堂阅读与课外阅读，课堂阅读一般属于精读，通常是在教师的指导下进行阅读训练，而课外阅读则相对自由宽泛，在条件允许的情况下，教师可以为学生列出一些书单或者篇目，为学生做一些阅读引导。统编版教材四年级上册第四单元主要是古今中外的各种神话故事，神话故事是民族文化的一部分，故事本身也很精彩。学生在课堂上读了神话故事之后，也可以在课外阅读一些神话故事，如中国古代神话《夸父逐日》《嫦娥奔月》等，也可以是古希腊罗马的《特洛伊木马》《点金术》等。神话故事充满了想象力，当学生在课内外读了各种丰富多彩的神话故事之后，也会在相关习作中体现出来。某个学生在该单元习作"我和……过一天"中这样写道："我想和嫦娥过一天，我要听她给我讲故事。我还要带着她一起看看中国的宇宙飞船，在月球上种上更多的树，养更多小动物，告诉她我们想和她一起把月亮建设得更漂亮。"在小学生阅读的过程中，要合理控制好阅读量，并且考虑到他们的兴趣，让阅读成为他们习作能力提升的重要手段之一。

在核心素养导向下，学生通过习作技巧训练，能够提高他们应用语言

文字的能力，提升他们的审美鉴赏能力，以及强化他们的文化思维理解能力，这些能力最终都将对习作能力提升产生积极的促进作用。提升习作质量是小学语文教学的要求，通过观察能力提升、习作模仿与广泛阅读等方式，可以改善习作教学质量，让小学生习作训练水平得到提高，写出更优美的习作作品。

第三节　整本书阅读技巧

一、小学语文整本书阅读教学中书籍推选四要素

增加阅读量是提升语文教学质量最有效、最直接的路径之一，而整本书阅读可以显著增加小学生的语文阅读量。然而从目前情况来看，整本书阅读教学效果并不如预期那般好，其中一个原因就在于选择的书籍不太合理，甚至有的教师或者学校会给学生指定某些书目作为整本书阅读参考书目，而对于学生兴趣、时代特色等方面考虑较少，导致学生把整本书阅读当作一种学习任务，并会产生额外的学习压力，因此导致学习效果不好。基于此，我从整本书阅读教学工作实践出发，结合相关的理解思考，认为在整本书阅读教学中，要想挑选更合适的书籍需要考虑如下四个要素。

（一）学生兴趣为选择根本要素

兴趣是引导学生开展整本书阅读最关键、最根本的要素。对小学生来说，整本书阅读并非强制性的教学任务或作业，而是一种引导性学习，主要依靠学生的自觉性与自律性来完成阅读。然而小学生天性活泼，喜欢玩耍，对于安静坐下来阅读一本书，通常而言兴趣并不是很浓。但若阅读内容契合学生的兴趣，那就更容易推进整本书阅读活动的开展。对小学生来说，他们的阅读兴趣既有群体的相似性，也有个体的差异性，因此教师可以通过问卷调研、现实观察以及与学生谈话等方式来了解学生兴趣，从而

更有针对性地制定整本书阅读书目，为学生提供更合适的阅读书籍选择。

听故事和读故事是很多小学生喜欢的内容，若是学生喜欢故事性比较强的内容，就可以给他们推荐相关的整本书阅读。如童话故事，既有传统的《安徒生童话》《格林童话》等书籍作为选择。不同的童话书，其内容特点也不完全一样。还有神话传说故事，既有希腊神话故事，也有中国民间神话故事，实际上在书中也有一些内容选编，如《牛郎织女》《猎人海力布》等。还有一些科幻故事，与童话、神话故事相比，科幻故事更注重简单科学知识的学习传播，如《神奇的宇宙飞船》等。教师可以选择一些适合本班学生阅读的各种故事书，然后根据对学生的了解，给他们进行推荐。教师也不一定非得让学生阅读经典，如有的学生喜欢阅读漫画书，可以去了解有哪些漫画书适合小学生阅读，为他们做推荐，尽量为学生推荐更符合他们兴趣的书。

在兴趣的引导下，最重要的是让学生养成阅读的习惯，若是学生对整本书阅读没有兴趣，即便是强制推进整本书阅读，也难以产生很好的阅读效果。当然，学生的兴趣也需要引导和发现，毕竟有的学生本身兴趣特征不明显，就可以引导他们去发现阅读的趣味，从而培养一种阅读兴趣。

（二）教材引导为基础考虑要素

教材阅读内容是精心选编的，在教材中有许多精选片段，有的是某长篇小说中的经典章节，有的是某长篇文章的部分节选内容。之所以采用节选方式，一方面是节选内容非常经典和有代表性，对于开阔学生的阅读视野、培养学生的人文阅读素养有着较好的教育引导价值；另一方面是原著篇幅过长，而教材选编的内容要注重多样性与丰富性，且篇幅也是有限制的，因此无法把原著全部搬进来，只能采用节选部分内容的方式。此外，书中也会提供一些课外阅读的内容选择，这也是一个具体的引导，因为教材中的课外阅读也是教育专家经过谨慎选择与思考，认为其是适合学生阅读的。

教材的节选内容很多都只展示了作品的一个维度或者部分内容，比如六年级的《少年闰土》，就节选自鲁迅的《故乡》。教材中只展示了少年闰土的内容，那是相对轻松的笔调，也有少年的性格与乐趣，然而在《故乡》中还有"中年闰土"，在相貌性格、行为特征上与"少年闰土"形成了鲜明的对比。只有阅读完整的版本，才能够形成强烈的对比，才能够真正了解作者想要表达的情绪与想法。再如小学五年级的《他像一棵挺脱的树》，就节选自老舍的《骆驼祥子》，节选的内容主要是描写祥子的外貌，体现其个性相貌与气质。若是学生能够阅读原著，就会明白"骆驼祥子"为啥叫作"骆驼祥子"，以及在书中随处可见这种细腻的外貌描写笔触。古诗词也是如此，有的古诗词只选取了部分内容，或者一个系列的几首诗词只选择了其中一首。或许也有类似的诗词，教师也可以推荐相关的书籍进行整本书阅读。

与教材中部分阅读材料相比，整本书阅读能够展示作品的全貌，从而有利于学生对作品有一个更深刻、更全面的了解。推荐与教材内容密切相关的整本书阅读书目，是最常见的整本书阅读书籍推荐方式之一，其对于语文教学改进的效果相对而言是比较直接的。

（三）时代特色为发展思考要素

时代在变化，小学生的整本书阅读选择也需要体现与时俱进的特征。对于当代小学生的阅读需求与思维，教师要根据时代发展进行了解、分析与判断。切忌用成年人思维代替青少年儿童思维，在给学生推荐书籍的时候，选择不符合时代特征，也不契合青少年阅读思维的作品。诚然，在整本书阅读中，可以推荐一些经典作品，这是文化传承的需要，并且很多经典作品的阅读价值的确很高。不过更要注重有时代特征与精神的新作品推荐，这是因为社会发展是向前的，因此整本书阅读也需要考虑到时代发展的特色，从而为学生做出合理的引导。教材的选编是稍微滞后于时代发展的，教师甚至可以推荐最新出版的一些书籍。

书籍是记录社会的载体，时代的发展也意味着书籍记载形式与内容会出现变化。如在过去，就没有电子书，更没有有声书。对小学生来说，他们可以根据自己的兴趣，利用家里的智能终端（平板、智能手机或者电脑），搜寻自己喜欢的电子书。考虑到保护视力的需要，有的学生不愿意阅读文字，面对这种情况，教师和家长可以给学生推荐选择一些有声书。每天晚上睡觉的时候，安安静静地听一会儿书，时间为20～30分钟，如此既达到一定的阅读效果，同时又不会增加视力负担。以上是阅读形式方面的与时俱进，在内容方面也可以与时俱进。在促进想象力的阅读方面，古代的神话、童话固然有着独特的价值，但是当代小学生可能更喜欢带有工业化特征与科幻色彩的新作品。教师要想给学生推荐更合适的书，就要静下心来去挑选一些新出版的科学探险类、科普类以及科幻类的整本书阅读，更好地培养学生的科学观念与意识。

要想推荐给学生更合适的书，就需要了解他们这一代的想法与兴趣，毕竟他们成长的时代与教师成长的时代并不一样。很多时候，之所以会出现一种阅读认知层面的代沟，原因就在于教师的阅读思维没有随着时代的发展而发展，而学生的阅读取向已经发生了一些改变。

（四）效果评估为优化改进要素

整本书阅读教学开展是一个长期的过程，其育人效果也是逐步显现的，而不一定直接体现在成绩提升方面。然而从语文教学的角度来讲，语文教师也需要定期或者不定期对整本书阅读效果进行测评评估，然后对整本书阅读的书籍选择进行调整、优化和改进，争取达到更好的整本书阅读教学效果。整本书阅读的效果评估应尽可能摒弃功利主义思维，尽量采用动态的、发展的、全面的评估方式，以学生的思维成长与人文素养培养为主要目标。只要学生在整本书阅读中出现了积极的变化，如性格、思维、认知，抑或情感控制方面等，都可以视为有益于成长的。

对于整本书阅读中可能出现的负面效应，也需要保持谨慎的态度。

阅读会对学生的认知产生影响，有的学生阅读了神话故事或者科幻故事书之后，想象力变得更丰富，且语言表达能力也出现了提升，能够将书中的故事讲给小伙伴听；有的学生阅读了某些经典著作之后，也会出现某种模仿行为，如阅读了科学探险题材的书，也会尝试着进行探险活动。此类因为阅读引发的变化基本上都属于正面的、积极的变化，说明选择的书籍基本是合适的。然而，也不排除有的学生在选择阅读书籍的时候会出现一些错误和不当，如有的学生在阅读了某些书之后，就开始学着说脏话，将叛逆视为成长和个性，甚至会出现某些暴力行为趋向与特征。若是出现了这种情况，就意味着书籍选择出现了问题，是不合适的。教师面对这种情况，就需要及时介入，跟学生谈心，做出适度引导，给他们推荐一些更适合的书。

在进行整本书阅读效果评估时，尽量综合学生自我评价、教师与家长联合评价进行，同时关注学生的课业表现、行为表现和性格成长表现，千万不要局限于成绩表现，尤其是语文成绩表现，否则很容易走向歧途。只要学生在整本书阅读中有进步、有改善，就要多予以肯定并给予管理。若是在阅读中出现了困惑甚至些许负面影响，也需要及时予以纠正引导。

综上可知，在小学语文教学中，整本书阅读既是趋势，也能够改善语文教学，而推动整本书阅读发展的关键在于合理地选择书籍。在这个问题上，教师要颇费些心思，既要考虑学生的兴趣，也要考虑时代的发展，更要结合教材内容，才能够推荐更合适的书籍目录供学生阅读选择。与此同时，还应对整本书阅读效果进行评估，然后以此为依据对整本书阅读书目推选进行优化改进，从而达到更好的整本书阅读教学效果。

二、提升整本书阅读教学品质的三个推进步骤

增加阅读量是小学语文教学发展的一个现实趋势，同时也关系到小学

语文教学品质的提升。在此背景下，整本书阅读就成为增加阅读量、丰富小学生语文知识沉淀的有效途径。对小学生来说，阅读未必是一件轻松愉快的事，因此需要采用一定方法进行引导，让他们学会整本书阅读，习惯或者爱上整本书阅读。

（一）兴趣引领——整本书阅读的开端

从生理和心理来讲，小学生集中注意力的时间较短，而整本书阅读意味着需要在较长时间内集中注意力进行阅读。学生感兴趣的内容才能够吸引他们，让他们愿意进行整本书阅读。在语文学习中，整本书阅读不要过于限制学生的阅读兴趣范围，若是学生愿意阅读，基本上对他们的语文知识沉淀以及语文素养提升都是有益的，因此一定要尊重并发现他们的阅读兴趣所在。

有的学生阅读兴趣比较明显，比如喜欢读童话故事书或者神话故事书，因为此类作品想象力丰富，并且有一定的趣味性，符合他们的阅读喜好。在语文教学中，教师可以在学到此类文章的时候，顺便给学生推荐一下相关书目。如在四年级时，会学习到《盘古开天地》《精卫填海》和《女娲补天》三篇中国古代神话故事，关于中国古代神话的故事还有很多，教师在课前或课后就可以找几本书，或是学校图书馆的，或是网上销售的，诸如中国古代神话或者中国神话故事之类的，将其推荐给学生，学生有兴趣就可以自己阅读。除了中国神话故事外，希腊神话故事也颇具人文价值，教材中有《普罗米修斯》，实际上还有很多其他的神话故事，教师也可以推荐相关书籍。此类内容的整本书阅读活动，可基于兴趣进行推荐，并没有限定的书，可能符合要求的书很多，教师根据自己的了解与思考选择一两本合适的进行推荐即可。也有的学生比较喜欢动物科学之类的知识，当学习到《蟋蟀的住宅》时，有的学生会表现出强烈的好奇心，该篇内容选自法布尔的《昆虫记》，该书还有很多其他昆虫的科学趣味内容。教师就可以在教学中抽出一点时间对《昆虫记》进行说明，甚至可以吊一下学生的胃口："同学们，你们想知道蚂蚁是如何传递信息的吗？知道蝉是如何发出声音的吗？如果想知道，就可以看一看《昆虫记》。"如此，有兴趣的学生自然就会去主动阅读。

（二）方法引导——整本书阅读的品质

小学生的整本书阅读容易出现一种"阅读过后无所得"的现象，当学生阅读了一些书之后，感觉并没有具体进步，甚至有的教师和家长会为此焦虑。实则大可不必，阅读从本质上来讲是一种日积月累的良好学习行为，阅读对人的成长影响是潜移默化的，因此不能带着过于功利的目的去阅读。教师和家长可以教给学生一些简单的阅读方法，引导学生更好地阅读，提高整本书阅读教学的品质，但是千万不要抱着急功近利的想法去推动整本书阅读。

整本书阅读由于内容多，阅读时若是按照课堂教学方式，让学生去了解分析内容结构或中心思想之类的，会于无形中增加他们的压力，反而不利于整本书阅读活动的开展。一般来说，当学生开展整本书阅读时，能够做到两点就很好了：第一点是"读的是什么内容，如读的是故事书，讲了一个什么故事；如读的是知识性的书，讲了什么样的知识"；第二点是"我怎么想的或怎么看的，这是一种很好的认知形成引导，不求精彩，但求学生思考"。如读《昆虫记》的学生，今天读了哪个昆虫，有什么有趣的知识，引导学生形成阅读交流。另外，整本书阅读意味着阅读具有长期性，教师和家长要让学生养成每天阅读一些内容的习惯，如每天阅读两页，如此阅读压力也不重，他们更愿意阅读。可以鼓励学生在阅读时，抄抄写写，不做具体限定，可以抄一些有趣的喜欢的词句，也可以写自己的想法等，这样对于阅读品质改善是有作用的。

（三）环境引入——整本书阅读的氛围

阅读需要氛围，尤其是对小学生来说，他们具有很强的模仿性与群体趋同性特征，若是周边的人都在阅读，他们自然也会阅读。在整本书阅读教学活动中，教师和家长的重要任务之一就是努力构建一种阅读氛围，然后把学生引入这种阅读氛围中，让他们自由地阅读。在良好的阅读氛围中，学生会主动阅读，容易养成一种良好的阅读习惯。在群体阅读氛围中，更有利于整本书阅读。

在"双减"背景下，放学时间更早，而不少家长下班接孩子的时间会晚一点，不少学校都会有课后托管服务。小学生一般不安排课后作业，因此这个时候教师可以有意识地创造一种良好的阅读氛围，引导喜欢阅读的小学生在课后时间开展整本书阅读，这是一种不错的课后学习成长方式。在六年级下册的课外名著阅读中，《鲁滨逊漂流记（节选）》颇受学生欢迎，故事有一定传奇色彩，又具有真实特色，甚至有的孩子也想拥有这么一段流落荒岛的神奇经历。教材只节选了部分，孩子们对其进行整本书阅读之后，对鲁滨逊流落荒岛的生存故事会有更深、更全面的理解。若是选这本书的孩子比较多，还可以将他们组织起来交流阅读中的想法或者故事，从而实现阅读质量的改善。构建家庭阅读氛围同样重要，很多家长喜欢给孩子安排一个学习任务，然后自己在一旁玩手机，这种方式不妥。若是家长每天确定一个时间，如每天晚饭后7点半到8点之间，在半个小时内，家里人都不得玩手机、看电视，而是一起读书，可以读同一本书，也可以各自读各自的书，这种阅读氛围有利于孩子阅读习惯的形成。孩子可自由阅读，也可由家长进行推荐引导，或选古典文化诗词，如《唐诗三百首》，边读边互相吟诵；或选适合小学生的外国科幻类书籍，如《骑鹅旅行记（节选）》，边读边讲故事；等等。学生一旦养成阅读习惯，加上阅读氛围的成功构建，整本书阅读自然就变得轻松了。

总而言之，在小学生的整本书阅读教学中，从兴趣引领出发，引导他们掌握一些简单的阅读方法，然后构建良好的阅读氛围，就可以达到较好的整本书阅读教学效果。